All about GREEN

Rezepte & Ideen für dein grünes Glück

Hölker Verlag

Unsere Blogger

50 | LISA

Mein Feenstaub

56 | MARIE

scones & berries

62 | SUSANNE

Sweet Living Interior

68 | SYL

Syl loves

74 | JEANNY

Zucker, Zimt und Liebe

84 | SWETLANA

Osmers

Inhalt

Vorwort

„All about green" – so lässt sich unsere tägliche Arbeit perfekt beschreiben. Denn jeder Text, jedes Foto, jedes Telefonat oder jedes Event dreht sich bei uns um Blumen, Pflanzen, Obst oder Gemüse. Daher erschien uns dieser Titel für unser erstes Buch nur konsequent. Alle Beiträge auf den folgenden Seiten sind grünen Produkten in ihrer ganzen Vielfalt gewidmet.

2015 sind wir mit „1000 gute Gründe" angetreten, um vor allem junge Menschen für Blumen, Pflanzen, Obst und Gemüse zu begeistern. Dabei setzen wir bei unserer Arbeit auf Kooperationen mit immer wieder neuen, inspirierenden Menschen und auf ihre kreativen Ideen, die wir vor allem online über unsere Kanäle bei Facebook und Instagram mit Blumenkindern, Pflanzenfans, Backfreunden und Hobbyköchen teilen.

Einigen dieser kreativen Arbeiten und den Menschen, die hinter den unterschiedlichen Kreationen stecken, möchten wir mit „All about green" einen neuen Raum bieten. Auf den folgenden Seiten haben wir eine Auswahl von Arbeiten zusammengestellt, die zwölf Influencer exklusiv für dieses Buch erarbeitet haben. Ob DIY-Idee oder Rezept – jede Idee steht mit einer ganz persönlichen Note für einen unserer kreativen Partner und zeigt, wie bunt, vielfältig, abwechslungsreich und individuell die Verwendung von frischen, grünen Produkten ist.

Genau das richtige Buch also zum Durchblättern, zum Nachmachen, zum Nachkochen und um sich Inspirationen zu holen, für ein lebendiges Zuhause mit Blumen und Pflanzen. Außerdem haben wir alles daran gesetzt, dass „All about green" selbst dekorativ ist und sich äußerst gut auch auf dem Coffee Table macht.

Wir von „1000 gute Gründe" sind auf jeden Fall stolz auf das Ergebnis und wir hoffen, dass es Euch als Lesern ebenso geht. Die Auswahl, welches Rezept oder DIY es in unser Buch schafft, ist uns bei all den wunderbaren Ideen natürlich nicht leicht gefallen. Freut Euch darum schon heute auf viele weitere kreative Inspirationen, die wir in Zukunft noch für Euch sammeln werden.

Euer Team von „1000 gute Gründe"

Backbube
MARKUS

Wenn mich jemand fragt, ob ich lieber in der Stadt oder auf dem Land leben würde, dann lautet meine Antwort immer kurz gefasst: auf dem Land. Mein Traum ist ein kleines Häuschen irgendwo im Nirgendwo mit einem riesigen Garten, in dem ich Obst und Gemüse selbst anbauen kann. Vor allem Beeren würde es dort in Hülle und Fülle geben.

Schon als Kind habe ich es geliebt, im Garten meiner Eltern die Johannisbeeren vom Strauch zu naschen oder bei der Nachbarin die dicken, saftigen Brombeeren zu verputzen. Diese köstlichen Beeren dann auch noch zusammen mit meiner Mutter zu einem Kuchen zu verarbeiten, war für mich das Größte. Da wurde der erste Funke für meine Backleidenschaft gezündet. Er glimmte dann noch viele Jahre vor sich hin, bis er sich 2012 durch ein Buch einer bekannten Bäckerin aus Berlin zu einem lodernden Feuer entwickelte. Seitdem ist das Backen meine absolute Leidenschaft geworden, die ich seit 2012 auf meinem Blog teile. Inspiration finde ich überall: Farben, Düfte, das Wetter, ein bestimmtes Gefühl oder auch Filme, Musik und bevorstehende Feste mit Freunden wecken in mir die Lust, kreativ zu sein und einfach drauf-loszubacken.

Am liebsten backe ich mit frischen, saisonalen Zutaten und lasse mich beim Schlendern über den Wochenmarkt zu neuen Rezepten inspirieren. All die kleinen Leckereien, die aus meinem Ofen kommen, fotografiere ich in meinem kleinen Abstellraum, den ich zu einem Studio umgebaut habe. Dort findet man auch meine große Sammlung an Tellern und Tassen, die ich im Laufe der letzten Jahre auf Kunsthandwerker- und Keramikmärkten oder von tollen Keramikkünstler*innen auf Instagram erworben und gesammelt habe. Am liebsten fotografiere ich meine Kuchen, Torten und Kekse auf diesen handgemachten Unikaten. Auch heute, acht Jahre später, liebe ich das Backen noch immer – vor allem aber das anschließende Teilen und Genießen der süßen Kreationen. Meine liebsten Rezepte sind tatsächlich eher die einfachen, mit frischem, regionalem Obst: Apfelstreusel, Erdbeerkuchen mit Biskuit und Vanillepudding oder ein leckerer Käsekuchen mit Blaubeeren.

Mein Name ist Markus Hummel, ich bin 36 Jahre alt und arbeite als Foodblogger, Foodstylist und Autor. 2012 habe ich als erster männlicher Backblogger Deutschlands meinen Blog www.backbube.com gestartet, auf dem ich seit nun acht Jahren einfache, kreative und ausgefallene Backrezepte veröffentliche. Meine Leidenschaft für das Backen durfte ich auch in drei Backbüchern, mehreren TV-Auftritten und verschiedenen Zeitschriften mit anderen teilen. Hauptberuflich arbeite ich seit 15 Jahren bei der Jungen Ulmer Bühne als Schauspieler.

GEBACKENES AUS DEM OBSTGARTEN

Mein erstes Buch, das ich vor sechs Jahren geschrieben habe, hieß „Geschenke aus dem Obstgarten". Für mich war dies das perfekte Thema, denn mit Obst arbeite ich beim Backen einfach am liebsten. Es bringt eine natürliche Süße mit – so kann man in vielen Rezepten den Zucker reduzieren und erhält trotzdem ein schmackhaftes Ergebnis.

In Ulm ist die Vielfalt an regionalem Obst nahezu unbegrenzt. In wenigen Minuten erreiche ich mit dem Fahrrad Plantagen mit Erdbeeren, Himbeeren, Stachelbeeren, Blaubeeren und Johannisbeeren, und der Wochenmarkt findet hier sogar vier Mal in der Woche statt. Auch auf meinem Balkon wächst das eine oder andere Beerchen. Für den Victoria Sponge Cake, den ich euch hier präsentiere, bin ich aber extra um fünf Uhr aufgestanden und durfte mit Erlaubnis des betreibenden Obsthofs bei Sonnenaufgang leckere, knackige Erdbeeren auf einem Erdbeerfeld pflücken und mich dabei fotografieren lassen. Und jetzt viel Spaß mit dem Rezept.

Victoria Sponge Cake

MIT ERDBEEREN UND HOLUNDERBLÜTENSAHNE

ZUTATEN:

**2 BÖDEN
(À 20 CM
DURCHMESSER)**

- 110 g Weizenmehl
- 20 g Speisestärke
- 1 TL Backpulver
- 60 ml Vollmilch
- 20 g Butter
- 4 Bio-Eier (Größe L)
- 130 g feiner Zucker

BELAG

- 500 ml Schlagsahne
- 30 g Puderzucker
- Mark von 1 Vanilleschote
- 2 Pck. Sahnesteif
- 2 TL Holunderblütensirup
- 500 g Erdbeeren

Den Backofen auf 180 °C Ober-/Unterhitze vorheizen. Den Boden von 2 Springformen mit je 20 cm Durchmesser mit Backpapier auslegen, die Ränder der Form auf keinen Fall einfetten.

Mehl, Speisestärke und Backpulver in einer kleinen Schüssel mischen und beiseitestellen. Milch und Butter in einem kleinen Topf erwärmen, bis die Butter geschmolzen ist. Dann vom Herd nehmen.

Eier in der Schüssel der Küchenmaschine leicht schaumig schlagen, dann den Zucker einrieseln lassen und 8–10 Minuten zu einem festen, hellen, cremigen Schaum aufschlagen.

Die Mehlmischung vorsichtig über die aufgeschlagenen Eier sieben, die Butter-Milch-Mischung ringsherum zugießen und alles mit einem Teigschaber vorsichtig vermengen, bis keine Klümpchen mehr vorhanden sind. Nicht zu kräftig rühren, da sonst die Luft aus dem Teig entweicht.

Den Teig vorsichtig auf die beiden Formen verteilen und im vorgeheizten Backofen 20–25 Minuten backen, bis die Biskuitböden goldgelb sind.

Die Formen aus dem Ofen nehmen und kopfüber abkühlen lassen. So fällt der Teig nicht zusammen.

Die Sahne mit Puderzucker, Vanillemark und Sahnesteif steif schlagen, anschließend den Holunderblütensirup zufügen.

Die Erdbeeren waschen, das Grün entfernen und die Hälfte der Beeren in Scheiben schneiden.

Die abgekühlten Böden aus den Formen lösen und einen Boden auf eine Tortenplatte legen. Mit der Hälfte der Sahne bestreichen und mit den Erdbeerscheiben belegen. Dann den zweiten Boden auflegen und mit der restlichen Sahne bestreichen. Die übrigen Erdbeeren in der Mitte der Torte auftürmen und nach Wunsch mit Puderzucker bestäuben.

Der luftig lockere Victoria Sponge Cake ist nicht nur der perfekte Sommerkuchen, sondern ist auch schnell und einfach zubereitet. Mit wem auch immer ihr diesen Leckerbissen teilt, ihr werdet damit ins Schwarze treffen. Und das Beste ist: Wenn die Erdbeersaison vorbei ist, packt ihr einfach Pfirsiche, Nektarinen, Blaubeeren oder weiche Birnen auf den Kuchen. Und wenn ihr das Obst dann auch noch selbst gepflückt habt, schmeckt der Kuchen gleich noch viel besser.

dreieckchen

CONSTI

Ich bin Consti, Wohn-Expertin und selbstständige Bloggerin auf dreieckchen.de. Auf meinem Blog zeige ich Einrichtungstipps, Deko- und DIY-Ideen, mit denen du dein Zuhause schön, ordentlich und praktisch gestalten kannst. Ich liebe die Kombination des skandinavischen Wohnstils mit dem entspannten Boho Trend und dekoriere meine Räume immer wieder neu.

Ich lebe gemeinsam mit meinem Mann in unserer 85 m² Wohnung in Landau in der Pfalz. Seit 2015 schreibe ich auf dreieckchen.de über Einrichtungsideen im skandinavischen Stil, Deko-Tipps und DIY-Ideen. Als Hobby mit meinen Freundinnen Sara und Janine gestartet, konnte ich meine Leidenschaft zum Beruf machen und bin inzwischen als Bloggerin hauptberuflich selbstständig.

Ich liebe es, mir neue Einrichtungsideen zu überlegen und bin ständig auf der Suche nach neuen Inspirationen. Neben unserer Wohnung gestalte ich dabei auch gern das Zuhause von Freunden und Familie um.

WARUM ICH BLUMEN UND PFLANZEN LIEBE?

Sie gehören für mich einfach zu einem schönen Zuhause dazu. Blumen und Pflanzen sind ein absoluter Wohlfühlfaktor: Sie sind so vielseitig und lassen sich saisonal immer wieder neu dekorieren. Mit etwas Grün kann man nicht nur das Raumklima verändern, sondern auch ein tolles Ambiente

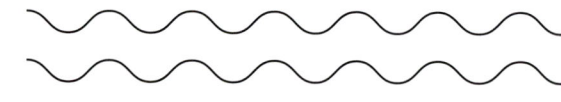

erzeugen oder sich an ihrer Schönheit und ihrem Duft erfreuen. Manche Leidenschaft entdeckt man erst später auf seinem Weg: Wenn ich nicht hauptberuflich „mit diesem Internet" arbeiten würde, wäre ich vielleicht Floristin geworden.

Frische Blumen begleiten mich durch jede Jahreszeit und machen sie zu etwas Besonderem: die ersten Tulpen nach dem Winter, duftende Freesien und Ranunkeln, die den Frühling einläuten, oder wunderschöne Pfingstrosen im Mai, die mich an den Garten meiner Mama erinnern. Drapiert in einer großen Vase als Blickfang oder in vielen kleinen Vasen schmücken sie unseren Esstisch oder auch unser Wohnzimmer und den Eingangsbereich.

Auch Trockenblumen lassen sich schön in der Vase als Dekoration verwenden und sind noch pflegeleichter. Für kleine DIY-Projekte gestalte ich gern Kränze als Wandhänger oder Tischdeko aus Blumen.

Wir haben gern Freunde und Familie bei uns zu Besuch. Mir ist es sehr wichtig, dass sich unsere Gäste willkommen fühlen. Daher lege ich auch auf Kleinigkeiten, wie einen schön gedeckten Tisch, großen Wert.

MEIN WOHNZIMMER IM BOHO-STIL: REISEINSPIRATIONEN AUS BALI

Ich lasse mich beim Einrichten und Dekorieren gern von unseren Reisen inspirieren. Im Wohnzimmer habe ich viele Eindrücke von unserem letzten Urlaub in Bali einfließen lassen. Am liebsten verwende ich natürliche Materialien wie Leinen, Baumwolle, Holz, Rattan oder Bambus. Mit einem Palmblatt-Wandhänger und einer Lichterkette kann man sich ganz einfach das entspannte Bali-Gefühl nach Hause holen. Ein Strauß frischer Blumen auf dem Couchtisch, zum Beispiel aus duftenden Pfingstrosen, darf dabei nicht fehlen.

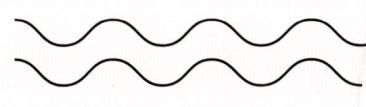

ENTSPANNEN IM GRÜNEN AUF DEM BALKON: MEIN ERHOLUNGSORT IM SOMMER

Im Sommer wird unser Balkon zum vergrößerten Wohnzimmer. Hier verbringe ich so viel Zeit wie möglich draußen: Mit den ersten Sonnenstrahlen und einer Tasse Kaffee am Morgen starte ich auf unserem gemütlichen Outdoor-Sofa in den Tag.

Mediterran trifft Tropisch: Ein Pinienbäumchen im Topf sowie duftender Lavendel und würziger Rosmarin in den Balkonkästen erinnern mich an die heißen Sommertage unseres letzten Roadtrips durch Südfrankreich. Die große Strelitzie neben dem Acapulco Chair bringt auch auf dem Balkon das Bali-Feeling und eine Portion Fernweh mit nach draußen.

Am liebsten genieße ich die Abendsonne auf dem Balkon mit Laternen, Lichterkette und einer kuschligen Decke. Mir war es wichtig, eine schöne und gemütliche Atmosphäre zu schaffen: einen Ort zum Entspannen und an dem ich zur Ruhe kommen kann. Aber auch einen Ort, an dem ich Geselligkeit genieße und gemeinsam mit Freunden und kleinen Snacks den Sommerabend draußen ausklingen lassen kann. Für mich fühlt sich das immer wie ein kleiner Urlaub zuhause an.

DIY-Kränze

MIT BLUMEN ALS TISCHDEKO

Material:

- Papier
- kleine Holzringe oder Stickrahmen
- Blumendraht, Schere, Klebestreifen
- Sterndolde
- Rosmarin
- Hafer (grün)
- Kamille
- optional: grüne Bartnelken

TIPP:

Damit eure Blumenkränze lange schön aussehen, wählt für das DIY frische Blumen, die sich gut trocknen lassen, wie z.B. Sterndolde, Rosmarin, Hafer oder Kamille.

Besonders hübsch wird die Kombi mit Trockenblumen wie Lagurus oder Strohblumen.

1. Zuerst das Material vorbereiten: Dazu in schöner Schreibschrift ein paar nette Begrüßungsworte auf ein Papier schreiben. Alternativ eine Handlettering-Schrift auf dem Computer verwenden und auf ein DIN-A4-Blatt ausdrucken. Anschließend die entsprechenden Papierstreifen an der langen Seite entlang zurecht schneiden.

2. Im nächsten Schritt alles für die Blumenkränze vorbereiten: Dazu die Blumen auf ca. 7 cm lange Zweige zuschneiden. Den Draht ebenfalls in kurze Stücke schneiden.

3. Aus Hafer, Sterndolde und Kamille kleine Sträuße zusammenbinden. Pro Holzring werden jeweils zwei Stück benötigt.

4. Nun den Papierstreifen mit dem Willkommensgruß über den Holzring halten. Dadurch kann eingeschätzt werden, wie breit die Abstände zwischen den beiden Ministräußen sein sollten.

5. Nun die Sträuße jeweils ober- sowie unterhalb platzieren und mit einem Streifen Klebeband fixieren.

6. Im letzten Schritt den Papierstreifen mit dem Willkommensgruß um den Holzring falten. Die Enden des Papierstreifens auf der Rückseite festkleben. Dabei darauf achten, dass das Papier straff gespannt ist. Fertig ist der Blumenkranz für die Tischdeko!

TIPPS ZUM TISCH DEKORIEREN: SKANDINAVISCH UND NATÜRLICH

Mit einer schönen Tischdeko fühlen sich eure Gäste gleich willkommen. Dabei kommt es auf die kleinen Details an. Fragt euch zuvor: Welche Stimmung möchte ich erzeugen? Welche Farben und Materialien könnte ich dafür verwenden?

Für meine Tischdeko im skandinavischen Stil habe ich natürliche Materialien eingesetzt, um ein entspanntes Wiesenpicknick-Gefühl zu erzeugen: Dafür habe ich Platzdeckchen aus Seegras, Teelichthalter aus Rattan und schöne Teller im handgetöpferten Stil gewählt. Sommerblumen wie Kamille, die aussehen, als wären sie gerade frisch gepflückt worden, passen ideal in das Arrangement.

Farmmade

LISA UND STEFFI

die Idee, mit Farmmade unser ursprüngliches Leben und das Wissen rund um unseren Küchengarten zu teilen.

Wir bloggen, ernten und kochen uns durch das Jahr im Küchengarten. Dabei liegt unser Schwerpunkt auf saisonaler Gemüseküche und traditionellen Methoden des Haltbarmachens wie Einkochen, Trocknen oder Fermentieren. Aber auch wild Gesammeltes wie Pilze aus dem Wald oder Wildkräuter lassen unsere Herzen höherschlagen und ergänzen unsere Küche.

Farmmade, das sind wir: die Schwestern Lisa und Steffi, unser Küchengarten und das Leben auf dem Land. Unsere Kindheit haben wir im Grünen im Hinterland verbracht – dort, wo auch mal ein Reh zum Äsen im Garten vorbeischaut. Mit diesem Freiheitsgefühl sind wir beide losgezogen, bevor es uns vor ein paar Jahren zurück auf den elterlichen Mehrgenerationenhof gezogen hat. Dort haben wir unsere Wurzeln wieder in den Gartenboden geschlagen und leben jetzt mit unseren Hühnern und Pferden zwischen Hochbeeten, Apfelbäumen und zwei Waldstücken. Auf dem Land haben wir beide nicht nur unsere Wurzeln wiedergefunden, sondern auch

Von unserem Großvater haben wir ein Gewächshaus und seine Leidenschaft zu alten Obst- und Gemüsesorten geerbt. So versuchen wir nun Stück für Stück, den ehemaligen Bauerngarten mit neuem Leben zu füllen. Daneben gibt es noch einige Hochbeete, Beerenhecken und Obstbäume. Beim Stöbern nach Raritäten auf Saatgutbörsen kommen wir nicht selten mit vollen Taschen zurück. Unser Rekord lag bei neun verschiedenen Tomatensorten im letzten Jahr.

Zum ursprünglichen Leben gehört für uns ein gesunder Garten ohne chemische Hilfsmittel. Natürlich läuft bei uns nicht alles perfekt.

»Im besten Fall kommt
das Essen dann
direkt vom Beet
auf den Tisch –
„from farm to table“.«

Vieles müssen wir erst ausprobieren, um dann den richtigen Weg für uns zu finden. Aber genau das macht es so spannend.

Im Wechsel der Jahreszeiten zu leben, gehört zu unserer Philosophie. Am liebsten sitzen wir an einer schön gedeckten Tafel mit Familie und Freunden oder einem Drink zum Feierabend im Obstgarten. Im besten Fall kommt das Essen dann direkt vom Beet auf den Tisch – „from farm to table“. Also alles, was wir im Garten ernten bzw. wild sammeln oder die Eier unserer Hühner. Meistens improvisieren wir mit dem, was uns gerade zur Verfügung steht, oder wandeln bekannte Gerichte mit heimischen Zuta-

ten ab. Superfoods aus Übersee kann man bei uns lange suchen. Stattdessen greifen wir auf heimische Alternativen zurück und entdecken dabei immer wieder Neues.

Erbsen-Fenchel-Parmesan-Samosas

MIT ZITRONIGEM JOGHURT-DIP UND FRISCHEN KRÄUTERN

Zutaten für 12 Samosas:

TEIG

- 250 g Mehl plus etwas zum Verarbeiten
- 1 TL Salz
- 4 EL Sonnenblumenöl
- 120 ml Wasser
- 1 Bio-Ei (verquirlt) zum Bestreichen der Samosas

DIP

- 1 Handvoll Minze, Schnittlauch und Petersilie
- 150 g Joghurt
- Salz und Pfeffer
- Abrieb von 1 Bio-Zitrone

FÜLLUNG

- 1 mittelgroße Kartoffel, gewürfelt
- 2 EL Olivenöl zum Braten
- 1 kleine Zwiebel, gewürfelt
- 1 Knoblauchzehe, fein gehackt
- 1 TL frischer Ingwer, fein gehackt
- 1 TL Garam Masala
- 1 TL Ingwer, gemahlen
- 1 TL Koriander, gemahlen
- 1 Msp. Cayennepfeffer
- 1 Msp. Kurkuma, gemahlen
- 1 Msp. Salz
- ½ Fenchelknolle, gewürfelt
- 4 EL Erbsen (TK oder frisch)
- 2 EL Parmesan, fein gerieben

Erbsen-Fenchel-Parmesan-Samosas

MIT ZITRONIGEM JOGHURT-DIP UND FRISCHEN KRÄUTERN

So geht's:

Für den Teig alle Zutaten bis auf das Ei in einer Schüssel vermischen und mit den Händen für ein paar Minuten kneten. Mit einem Geschirrtuch abdecken und ruhen lassen, während die Füllung zubereitet wird.

Für die Füllung die Kartoffel schälen, klein würfeln und in etwas Wasser für ein paar Minuten weich kochen. Das Wasser abgießen, die Kartoffelwürfel abkühlen lassen und mit einer Gabel leicht andrücken. Öl in einer Pfanne erhitzen und Zwiebel sowie Knoblauch bei mittlerer Hitze glasig andünsten.

Den Ingwer und die Gewürze ein paar Minuten unter ständigem Rühren mitdünsten, dann Fenchel und Erbsen zugeben. Zuletzt die Kartoffeln, den Parmesan und etwas Wasser zugeben und gut vermischen. Die Pfanne vom Herd ziehen und abkühlen lassen.

Den Teig zu 6 gleich großen Kugeln formen und auf einer bemehlten Arbeitsfläche kreisförmig ausrollen. Die Teigkreise jeweils halbieren.

Den Backofen auf 180 °C (Umluft) vorheizen. Jeweils 1-2 EL der Füllung auf die halbierten Teigkreise geben, den Teig über die Füllung schlagen und die befeuchteten Teigränder mit den Fingern schließen. Die Samosas auf ein Blech mit Backpapier legen und mit dem verquirlten Ei bestreichen. Im vorgeheizten Backofen etwa 25 Minuten backen, bis die Samosas goldgelb sind.

Für den Joghurt-Dip die Kräuter abbrausen, trocken tupfen und hacken und mit dem Joghurt verrühren. Mit Salz, Pfeffer und Zitronenabrieb abschmecken.

Felix'Kochbook

FELIX

Heute sind wir sehr zufrieden mit unserem Garten, der für uns zu einem genussvollen Hobby geworden ist. Ich finde, dass Gemüseanbau erdet: Man muss viel Geduld haben und bekommt einen guten Bezug zur Natur.

WIE BIN ICH ZUM KOCHEN UND GRILLEN GEKOMMEN?

In meiner Familie wurde schon immer viel gekocht. Großartig war die Kartoffelkiste: Wenn die Kartoffeln morgens vorbereitet wurden, brauchte man nur zu warten, bis sie einmal kochten. Dann kamen sie in die Kiste und waren passend gargezogen, wenn ich aus der Schule kam.

Eins der ersten Gerichte, die ich selber zubereitet habe, waren Tortellini mit Sahnesoße, die auch heute noch mein Lieblingsessen sind. Oft, wenn ich mal ein paar Tage nicht zu Hause gewesen bin, macht meine Frau mir damit gerne eine Freude.

Besonders hat mich geprägt, dass meine Frau und ich sechs Jahre lang die Küche in einem Sommerlager geführt haben. Hier haben wir zunächst noch mit einem gelernten Koch zusam-

Als wir vor zehn Jahren das Haus meiner Eltern übernommen haben, war klar, dass wir auch den dazugehörigen Gemüsegarten pflegen und hegen werden. Zwar hatten wir keine Erfahrungen in der Gartenarbeit, aber dafür umso mehr Experimentierfreude, Spaß und die Hilfe meiner Eltern, die uns mit Rat und Tat zur Seite standen.

Um den Garten noch übersichtlicher und strukturierter zu gestalten, haben wir uns nach einiger Zeit entschieden, vier Hochbeete anzulegen. So entstanden ein Beet für Kräuter und drei weitere für Gemüse. Die neue Ordnung in den Hochbeeten und der tolle Ertrag weckten unseren Ehrgeiz und so folgte noch ein Gewächshaus für Gurken, Tomaten und die Vorzucht von Gemüse.

mengearbeitet, um diese Aufgabe anschließend ganz zu übernehmen. Von ihm habe ich damals sehr viel gelernt, was mich noch heute motiviert zu kochen und neue Gerichte zu testen.

Denn ich finde immer neue Rezepte, die ich dann nachkoche. So probiere ich zum Beispiel gerne Nationalgerichte anderer Länder aus oder mache meinen eigenen Sauerteig, mit dem ich etwa einmal im Monat Brot in meinem Holzbackofen backe. Die Devise ist dabei immer: Wenn möglich, mache ich es selber.

Am liebsten koche ich draußen. Seit etwa drei Jahren habe ich eine Outdoor-Küche mit eingelassenem Gasgrill und Holzbackofen auf der Terrasse. Außerdem gibt es noch eine Feuerschale und eine Feuerplatte zum Grillen. Dort lässt es sich im Sommer wunderbar mit Freunden kochen und verweilen.

Grillspieße

MIT HÄHNCHEN UND GEMÜSE

Zutaten für 4 Spieße:

- 2 Hähnchenbrustfilets
- 1 gelbe Paprika
- 1 rote Paprika
- 3 rote Zwiebeln
- 1 Knoblauchzehe
- 2 Zweige Rosmarin
- 2 Zweige Thymian
- Nach Belieben noch weitere Kräuter aus dem Garten z.B. Oregano, Petersilie, Schnittlauch
- 80 ml Öl
- Salz und Pfeffer

Für die Zubereitung werden 4 Metallspieße benötigt. Am besten eignen sich Doppelspieße, weil sich das Gemüse und das Fleisch so beim Wenden auf jeden Fall mitdreht und sich nicht um den Spieß rollt. Wenn Holzstäbe verwendet werden, diese vorher 20 Minuten lang wässern, sodass sie auf dem Grill nicht verbrennen.

Die Hähnchenbrustfilets in ca. 3 cm große Würfel schneiden. Die Paprika putzen, von Samen und Scheidewänden befreien und ebenfalls in 3 cm große Stücke schneiden. Die Zwiebeln schälen, halbieren und in die einzelnen Schichten zerlegen. Die äußeren, großen Stücke ggf. halbieren.

Die Knoblauchzehe schälen und fein hacken. Die Kräuter abbrausen, trocken tupfen, Nadeln und Blättchen abzupfen und ebenfalls fein hacken.

Alles zusammen in eine Schüssel geben, Öl zugießen und mit reichlich Salz und Pfeffer würzen (die Marinade kann ruhig etwas überwürzt sein). Das Ganze gut mischen, sodass alles mit der Marinade benetzt ist. Etwa 20 Minuten durchziehen lassen. Den Grill anheizen.

Für die Spieße abwechselnd Fleisch, Paprika und Zwiebel auf den Spieß schieben. So verteilen, dass vier gut gefüllte Spieße entstehen.

Die Spieße von jeder Seite etwa 5 Minuten über der Kohle oder Gasflamme grillen, dabei darauf achten, dass sie nicht verbrennen. Wenn sie eine gute Bräune haben, sind sie fertig. Darauf achten, dass das Hähnchenfleisch gut durchgegart ist.

Dazu passen die gefüllten Zucchinischiffchen von S. 34.

Zucchinischiffchen

MIT BULGUR GEFÜLLT

Zutaten für 4 Zucchinihälften:

- 2 Zucchini
- 120 g Bulgur
- 1 TL Currypulver
- Salz
- 250 g Schafskäse

Für die Zucchinischiffchen wird am besten ein Grill mit Deckel genutzt, um eine indirekte Grillzone zu schaffen. So liegt das Grillgut nicht direkt über der Hitzequelle, sondern daneben und wird wie im Backofen in der entstehenden Wärme gegart. Alternativ können die Schiffchen auch im Backofen bei 180 °C Umluft gegart werden.

Den Bulgur nach Packungsanweisung zubereiten, dabei das Wasser mit Salz und Curry würzen. Das schmeckt nicht nur lecker, sondern sieht auch toll aus.

Die Zucchini halbieren und die Kerne mit einem großen Löffel entfernen. Den Bulgur in die Zucchini geben und den Schafskäse darüberbröseln. Den Käse vorsichtig festdrücken, damit er nicht vom Bulgur rollt.

Den Grill für indirekte Hitze vorbereiten. Die Zucchinischiffchen in eine Grillschale legen und in die indirekte Zone stellen. Mit geschlossenem Deckel bei 180 °C etwa 20 Minuten grillen, bis der Käse eine leichte Bräune hat.

Happy Interior Blog

IGOR

Mein Name ist Igor Josifovic-Kemper und ich lebe als freischaffender Autor, Blogger und Social-Media-Experte in München. Seit 2011 schreibe ich auf Happy Interior Blog rund um die Themen Einrichten, Design, Reisen und Wohnen mit Pflanzen. 2013 habe ich mit meiner Kollegin Judith de Graaff die heute weltweit größte Online-Plattform zum Thema Wohnen mit Pflanzen namens Urban Jungle Bloggers auf Instagram gegründet, die inzwischen mehr als eine Million Follower hat. Zudem habe ich zwei Bücher zum selben Thema veröffentlicht: „Urban Jungle" im Jahr 2016 und 2020 dann „Plant Tribe".

Urban Jungle

GLÜCKLICHES WOHNEN MIT PFLANZEN

Wer in einem grünen Zuhause wohnt, lebt glücklich. Diese Formel scheint einfach und banal. Dennoch bin ich davon überzeugt, dass sie sehr wohl stimmt. Warum denke ich das? Zunächst gehe ich von mir aus. Ich selbst wohne in einem grünen Zuhause mit rund 80 Pflanzen in meiner Wohnung und auf dem Balkon und ich bin dabei rundum glücklich. Einen wesentlichen Beitrag zu meinem Glücksgefühl leisten dabei die Pflanzen in meinen vier Wänden.

Pflanzen üben eine fast magische Wirkung auf uns Menschen aus. Wer gestresst ist und einen Spaziergang in der Natur macht, kennt den beruhigenden Effekt von Pflanzen. Was draußen in der Natur funktioniert, können wir uns auch einfach nach Hause holen.

Zimmerpflanzen und Blumen sind weit mehr als nur ein dekoratives Element in Wohnräumen. Einerseits hauchen Pflanzen und Blumen jedem Raum Lebendigkeit ein, andererseits üben sie eine starke Wirkung auf unser Wohlbefinden aus. Allein die Farbe Grün hat schon eine nachweislich beruhigende Wirkung auf uns Menschen. Zudem fühlen wir uns geborgener und wohler, wenn wir von Pflanzen umgeben sind. Die direkte Verbindung zur Natur weckt dabei unsere ureigenen Instinkte und vermittelt uns Sicherheit, Schutz und Lebenskraft. Diese Wirkung verstärkt sich im häuslichen Umfeld um ein Vielfaches.

Pflanzen verlangen Aufmerksamkeit von uns: Sie wollen gepflegt, gegossen und umgetopft werden. Sie lehren uns dabei Geduld und Achtsamkeit – Werte, die wir in der heutigen schnelllebigen und hoch digitalisierten Welt oftmals vergessen. Dabei müssen wir ganz bei uns sein, im Hier und Jetzt – all dies erfordern Pflanzen. Und ohne, dass wir es wirklich merken, tun wir uns selbst damit den größten Gefallen: Mit Pflanzen entschleunigen wir unseren Alltag.

Es gibt bestimmt 1000 gute Gründe für Pflanzen und Blumen im Zuhause. Hier möchte ich aber auf fünf ganz besonders gute Gründe eingehen, die hoffentlich jeden zu mehr Pflanzen und Blumen in den eigenen vier Wänden inspirieren.

GLÜCKLICHE PFLANZENPFLEGE:

Wer Pflanzen liebt, für den ist die Pflanzenpflege alles andere als eine weitere Pflicht im Haushalt. Ganz im Gegenteil: Die Pflanzenpflege ist ein Ritual, das nicht nur die Pflanzen, sondern auch die eigene Seele pflegt. Im stressigen Alltag kann man sich so eine Auszeit gönnen – für sich und die Pflanzen. Wer sich so ganz bewusst eine Stunde in der Woche freihält, befreit sich von täglichen Verpflichtungen und von der permanenten Ablenkung durch das Smartphone. Mein Tipp: ein wöchentliches Pflanzenpflege-Ritual. In dieser einen Stunde widme ich mich voll und ganz meinen Pflanzen.

Ich sehe mir jede einzeln an, checke, welche gegossen werden müssen, wo ich düngen sollte, ob es welke Blätter zum Entfernen gibt, wo ein Rückschnitt oder Umtopfen anstehen. Zudem reinige ich die Blätter und befreie sie von Staub und anderen Rückständen. Dies hilft den Pflanzen, da die Poren in den Blättern so frei bleiben und sie gesünder bleiben und auch schöner aussehen. Dabei verzichte ich bewusst auf mein Handy und andere Ablenkungen. Lediglich meine Lieblingsmusik darf die Atmosphäre verschönern und eine Tasse Kaffee für den Extrakick ist ebenso erlaubt. Jeder kann so sein ganz eigenes Pflanzenpflege-Ritual definieren.

WELLNESS IM URBAN JUNGLE:

Gesunde Pflanzen helfen auch uns, gesund zu bleiben. Viele Zimmerpflanzen reinigen die Luft in unserer Wohnung und befreien sie von Schadstoffen. Zudem haben die Pflanzen eine positive Wirkung auf unser Gemüt. Wenn wir uns mit ihnen umgeben, beruhigen wir uns, werden ausgeglichener und finden wieder zu unserer Balance. Mein Tipp: Yoga oder Meditieren, umgeben von Pflanzen. Ich stelle dabei einige davon zusammen und lege die Yogamatte in die Mitte. Wenn man auf dem Boden liegt und hochsieht, ist man dann von einem Pflanzendach überdeckt. Es fühlt sich fast wie im Urwald an und zaubert sofort ein Lächeln ins Gesicht. Ebenso ein guter Tipp: Nehmt eure (tropischen) Pflanzen mit ins Bad, wenn ihr euch ein Vollbad gönnt. Die höhere Temperatur und Luftfeuchtigkeit tun den Pflanzen gut und man schafft sich so sein eigenes „Green Spa" für Zuhause.

KREATIVITÄT DANK PFLANZEN:

Wer kreativ sein muss, sollte sich unbedingt Pflanzen als stille Unterstützer an den Schreibtisch holen! Sie beflügeln unsere Kreativität, steigern unsere Effizienz und helfen uns auch, stressige Situationen langsamer anzugehen. Pflanzen inspirieren uns mit ihren Schattierungen und Blattmustern, sie regen unsere Fantasie an, liefern aber auch einen visuellen Ruhepol bei zu viel Bildschirmarbeit. Sie können zudem eine großartige Quelle der eigenen Kreativität abseits der Arbeit sein. Viele Künstler*innen haben sich im Laufe der Geschichte von der Natur inspirieren lassen – wer weiß, vielleicht steckt auch in dem oder der einen oder anderen von uns ein Künstler? Mein Tipp: Testet eure Kreativität, indem ihr eine Pflanze oder ein Blatt einer Zimmerpflanze malt. Unabhängig vom Ergebnis wirkt so eine Übung fast schon meditativ und schafft mehr Platz für Kreativität in unseren Köpfen.

SIMPLE PFLANZEN-STYLING-TIPPS:

Natürlich haben Pflanzen und Blumen einen sehr dekorativen Effekt in unseren Wohnungen. Ein frischer Blumenstrauß auf dem Esstisch oder ein Regal voller Pflanzen bringen die Natur mit all ihrer Schönheit und Verspieltheit ins Haus. Mein Tipp: Gestaltet euer Plant-Shelfie, das ihr immer wieder umgestalten könnt! Dabei spiele ich gerne mit hängenden Pflanzen, unterschiedlichen Höhen und Strukturen. Der Effekt kann dabei immer anders sein. Auch die Wahl der Übertöpfe schafft einen sofortigen Styling-Effekt. Wer ein ruhiges Zusammenspiel bevorzugt, wählt Übertöpfe in der gleichen Farbe oder aus dem gleichen Material (zum Beispiel alles aus Terrakotta). Wer es eklektischer mag, kombiniert Neu und Alt, unterschiedliche Materialien und Flohmarktfunde oder nutzt auch mal Tassen oder Glasflaschen für Ableger.

GUTE VIBES MIT PFLANZEN:

Eine meiner Beobachtungen ist, dass Wohnungen mit vielen Pflanzen etwas Ursprüngliches und Positives ausstrahlen. Es scheint so, als wären die „Good Vibes" in einem grünen Zuhause allgegenwärtig. Der Gedanke ist nicht abwegig. Die Natürlichkeit sorgt automatisch für gute Schwingungen im Zuhause. Mein Tipp: Kombiniert Pflanzen mit kleinen Accessoires wie Kristallen. Kristalle und Mineralien sind wie Pflanzen Produkte der Erde und ergänzen sich im Wechselspiel der guten Energie. Ob man daran glaubt oder nicht, ist fast schon irrelevant – die Kombination aus beiden sorgt bereits für gute Schwingungen und schmückt ganz nebenbei unser Zuhause.

»Der eigene Urban Jungle ist
weit mehr als eine Ansammlung
von Pflanzen und Blumen.
Er ist das eigene Refugium, die
eigene grüne Oase, die wir uns
im verrückten Alltag schaffen.«

Leelah loves

KATHARINA

Mein Name ist Katharina Pasternak, ich lebe zusammen mit meinem Mann Martin und unseren Kindern Lea und Frederik in Aschaffenburg. Ursprünglich bin ich Theater-, Film- und Medienwissenschaftlerin, aber 2012 habe ich meinen Traumberuf gefunden! Auf meinem Blog Leelah loves zeige ich jede Menge DIY-Ideen rund um das eigene Zuhause. Ich werkele, nähe, bastele, töpfere und buddele im Garten, was das Zeug hält, um unser Haus noch gemütlicher zu machen. Für mich ist das Zuhause der Ausdruck der eigenen Persönlichkeit, und das spiegelt sich in der Einrichtung wider. Mein Stil ist ein Mix aus Flohmarktfunden, Selbstgemachtem und Vintage-Möbeln mit vielen Farben und Mustern. Nachhaltigkeit spielt für mich eine große Rolle und deshalb versuche ich zuerst, aus Altem etwas Neues zu machen, anstatt Möbel und Deko neu anzuschaffen.

BLUMEN UND PFLANZEN

Meine Leidenschaft für Blumen und Pflanzen begann mit einem kleinen Blumenladen für Wildblumen, den ich mit meiner Zwillingsschwester führte. Im Angebot waren liebevoll gepflückte Sträuße, die in Einmachgläsern auf einer umgedrehten Holzkiste auf Kundschaft warteten. Wir waren sieben Jahre alt und voll in unserem Element, wenn wir Gänseblümchen, Löwenzahn und Gräser zu Sträußen und Kränzen banden. Doch leider konnte sich der Laden mit nur einer Kundin (unserer Mutter) langfristig nicht halten. Aber schon damals merkte ich, dass Blumen immer ein Lächeln ins Gesicht zaubern und Pflanzen das gute Gefühl vermitteln, etwas wachsen lassen zu können.

Heute lebe ich mit meinem Mann und unseren beiden Kindern sowie zwei Katzen in einem Haus mit Garten, das ich mit jeder Menge Blumen und Pflanzen zu unserem absoluten Wohlfühlort gestaltet habe.

Positive Emotionen sind mir bei der Einrichtung unseres Hauses sehr wichtig, viel mehr noch als ein perfekter Look, bei dem alles zusammenpasst. An der Stelle, an der heute unser Haus steht, stand die Scheune des Opas meines Mannes. Wir haben sie sorgfältig abgetragen und viele Teile beim Neubau wiederverwendet. Die Backsteinwand im Wohnbereich stand schon immer an der Stelle, doch wir haben sie abgerissen, gedämmt und neu aufgebaut. Die Balken unter der Galerie sind die alten Dachbalken der Scheune und die Fliesen im Flur

haben wir im Keller gefunden. Auch wenn unser Haus neu gebaut wurde, hatte es von Anfang an eine persönliche Note, und das spiegelt sich auch in der Einrichtung wider. Ich umgebe mich gerne mit Erinnerungsstücken von Reisen, Bildern von unseren Kindern und Dingen, die ich selbst gemacht habe. Und davon gibt es bei uns eine ganze Menge! Selbst getöpferte Fliesen in der Küche, eine selbst entworfene Schiebetür, genähte Kissen, aus Holz gebaute Möbel und natürlich getöpfertes Geschirr machen unser Haus individuell und gemütlich. Alles in unserem Haus könnte eine Geschichte erzählen oder ist mit Erinnerungen verbunden, was in mir

ein Gefühl auslöst, das mit dem Begriff „hygge" sehr gut beschrieben wird. Dabei spielen auch Pflanzen eine große Rolle. Es macht mich einfach glücklich zu sehen, wie eine Pflanze wächst, wenn ich mich um sie kümmere. Ich habe mich sogar schon dabei ertappt, dass ich mit meiner Buntnessel gesprochen habe (ich merke gerade selbst, wie schräg das klingt).

Bei der Deko mit Pflanzen spiele ich gerne mit Formen. In der Küche zum Beispiel setzen die Hängepflanzen auf dem Regal einen spannenden Kontrast zu den horizontal angeordneten Regalbrettern. Bei der Wahl von Übertöpfen und Pflanzgefäßen bin ich gerne kreativ, weil sie ein toller Blickfang sind und den Charakter der Pflanzen perfekt unterstreichen! Im ganzen Haus finden sich Schalen, die ich selbst getöpfert und bepflanzt habe, Terrarien im Glas und Pflanzen in Körben oder Holzkisten. Sie geben der Deko immer eine gewisse „Wohlfühlnote" und den letzten Schliff. Meine Pflanzen wandern ständig an einen neuen Platz, weil ich sie mal in Gruppen auf einem Tablett arrangiere oder auf dem Sideboard einen kleinen Dschungel dekoriere. Blumenampeln mag ich besonders gerne, weil man mit ihnen Räume strukturieren und jede Ecke verschönern kann. Mein Tipp für eine Tischdeko, wenn die Blumenläden schon geschlossen haben und sich Besuch zum Abendessen ankündigt: Ableger von Pflanzen mit etwas Wasser in Gläser und Vasen stellen, sodass sie oben nicht hinausragen – wie in einem Terrarium. Das gibt der Tischdeko einen

Botanik-Look und passt super zu Rattan-Tischläufern und getöpfertem Geschirr. Und das Beste: Die Gäste können sich die Ableger mit nach Hause nehmen und einpflanzen!

Was im Haus schon immer gut funktioniert hat, musste ich im Garten erst lernen. Unser Garten ist nach Norden ausgerichtet und hat mich bei der Gestaltung vor einige Herausforderungen gestellt. Erst mit den Jahren habe ich gelernt, wo ich am besten Schattenbeete anlege und wie ich Beete strukturiere. Dabei ist meine Liebe zu unterschiedlichen Farnen und Funkien entfacht, die ich in meinem „Waldbeet", dem schattigsten Platz im Garten, pflege. Im Hochbeet am überdachten Sitzplatz wächst Gemüse von Tomate bis Zucchini und es gibt jede Menge zum Naschen wie Erdbeeren, schwarze, rote und weiße Johannisbeeren sowie Blutpflaumen. Ich mag die unterschiedlichen Bereiche in unserem Garten sehr gerne und versuche ihn so zu gestalten, dass es immer noch etwas zu entdecken gibt. Obwohl der Garten gar nicht besonders groß ist, haben wir sogar einen Miniteich und es gibt drei verschiedene Sitzecken sowie den großen Balkon, der mit seiner Loungegruppe der perfekte Ort für warme Sommernächte ist. Bei so viel Auswahl können wir uns oft nicht entscheiden, wo wir uns hin-

setzen, was aber nicht weiter schlimm ist: Nach spätestens zehn Minuten im Liegestuhl kribbelt es sowieso wieder in den Fingern, eine Runde im Beet zu buddeln, Kräuter zu ernten oder Pflanzen umzutopfen, denn im Garten hat man eigentlich immer was zu tun.

Auch meinen Kindern versuche ich einen achtsamen Umgang mit der Natur und die Leidenschaft für Blumen und Pflanzen zu vermitteln, indem ich sie dazu animiere, eigene Pflanzen in ihren Zimmern zu pflegen, mit uns auf Wildkräuterwanderungen zu gehen oder im Garten mitzuhelfen. Wenn sie heute freudestrahlend mit einem kleinen, selbst gepflückten Strauß nach Hause kommen, weiß ich, dass das mit dem Lächeln wirklich jedes Mal funktioniert! Zum Glück habe ich dank meiner Vintage-Vasen-Sammlung für jede Lebenslage die passende Vase, vom üppigen Strauß zum runden Geburtstag bis zum abgeknickten Blümchen.

Balkonkasten

1. Auf die Holzbretter an den Kanten, die später verschraubt werden, im Abstand von etwa 10 cm Markierungen setzen. Anschließend an den markierten Stellen Löcher bohren, damit das Holz beim Eindrehen der Schrauben nicht reißt.

2. Die Bretter zu einem Blumenkasten verschrauben.

3. Den Blumenkasten mit Holzschutzfarbe streichen und trocknen lassen.

4. Den Blumenkasten mit Folie auskleiden und diese von innen ein Stück unter dem Rand festtackern.

5. In den Boden des Blumenkastens durch die Folie und das Holz Löcher bohren, damit das Wasser ablaufen kann.

6. Die Wandhaken so anbringen, dass der Blumenkasten daran aufgehängt werden kann.

7. Zum Schluss den Blumenkasten mit Kübelpflanzenerde füllen und Blumen wie Cosmea oder Löwenmäulchen einpflanzen.

Material:

- 2 Holzbretter à 180 mm × 800 mm × 160 mm (Seitenteile)
- 2 Holzbretter à 180 mm × 180 mm × 160 mm (Seitenteile)
- 1 Holzbrett à 180 mm × 674 mm × 160 mm (Boden)
- Stift
- Passende Schrauben
- Akkuschrauber und -bohrer
- Holzschutzfarbe
- Pinsel
- Folie (ca. 120 cm × 60 cm)
- Tacker
- 2 Wandhaken

1.

2.

3.

4.

5.

6.

7.

Mein Feenstaub

LISA

Ich bin Lisa und ich bin für mein Leben gern kreativ. „Das kann man doch ganz leicht selbst machen!" – das denke ich regelmäßig, ganz egal, ob es um Wohnaccessoires oder Klamotten geht. Denn tolle Einzelstücke müssen nicht teuer sein.

Ich liebe es, meine Ideen mit anderen zu teilen – deshalb habe ich mein Hobby zum Beruf gemacht und arbeite als selbstständige DIY-Bloggerin auf meinem Blog Mein Feenstaub. Ich zeige meinen Leser*innen, wie sie im Handumdrehen ihr Zuhause verschönern, sich tolle Einzelstücke nähen und aus alten Dingen tolle neue Teile machen können. Dabei spielen auch Pflanzen immer wieder eine große Rolle, weil ich finde, dass sie jedes Zuhause gemütlicher machen. Deshalb teile ich regelmäßig Kreativideen rund um verschiedenste Pflanzen und zeige, wie man sie ganz leicht vermehren kann – für noch mehr Wohlfühlatmosphäre im grünen Zuhause.

»Es macht mir so viel Spaß, auszuprobieren, was meinen Pflanzen dabei hilft, noch besser zu wachsen.«

Mid-Century-Pflanzenständer

AUS WIENER GEFLECHT

Der Vintage-Look für zuhause ist Trend – zu Recht, denn er macht deine vier Wände total gemütlich. In Kombination mit Pflanzen schaffst du einen absoluten Wohlfühlfaktor für zuhause.

Typisch für den Mid-Century-Stil sind Pflanzenständer mit Holz und Geflecht. Für Hängepflanzen wie die Monstera Monkey Mask eignet sich so ein Pflanzenständer total gut, denn so kommen die schönen löchrigen Blätter so richtig zur Geltung. So ein Pflanzenständer lässt sich ganz leicht selbst machen. Du brauchst dafür nur etwas Wiener Geflecht, eine Holzscheibe und Rundhölzer.

BESONDERS PRAKTISCH: Du kannst die Länge der Beine des Pflanzenständers so anpassen, wie du sie für deine Pflanze brauchst.

Material:

• Wiener Geflecht
• Schere
• 1 runde Holzscheibe
   (Durchmesser: 15 cm)
• Tacker
• Holzleim oder Heißkleber
• Peddigschiene (60 cm)
• 3 Rundhölzer
   (Durchmesser: 20 mm; Länge:
   je nachdem, wie hoch der
   Pflanzenständer werden soll)

So geht's:

1. Das Wiener Geflecht so zurechtschneiden, dass es einmal rund um die Holzscheibe passt. Die Höhe kann dabei selbst gewählt werden - je nachdem, wie hoch das Geflecht am Ende über den Pflanztopf ragen soll.

2. Das zugeschnittene Geflecht um die Holzscheibe legen und rundherum festtackern. Alternativ das Geflecht mit Holzleim oder Heißkleber um die Holzscheibe kleben. Dabei darauf achten, dass sich die Enden überlappen. Diese zusammenkleben oder mit einem dezenten Faden zusammennähen.

3. Die Peddigschiene in der Mittel halbieren und eine Hälfte mit Holzleim über die zuvor getackerten Stellen kleben, sodass die Ränder ordentlich aussehen.

4. An der oberen Kante des Pflanztopfes den zweiten Teil der Peddigschiene festkleben.

5. Die Rundhölzer, falls erforderlich, auf die gewünschte Länge zuschneiden. Die abgesägten Kanten mit Schleifpapier glätten.

6. Die Rundhölzer mit Heißkleber oder Holzleim in gleichem Abstand von unten auf die runde Holzscheibe kleben. Den Kleber gut trocknen lassen.

Du kannst den Pflanzenständer wunderbar in verschiedenen Größen und Höhen basteln und so beim Dekorieren für Variation sorgen.

1.

2.

3.

4.

5.

6.

scones & berries

MARIE

Der Duft von frischen Zimtschnecken, das Blättern in neuen Kochbüchern, ein Picknick am See mit der ganzen Familie, eine große Kugel Eis, Unkrautzupfen im Kräuterbeet, ein kühles Glas Crémant am Abend auf der Terrasse – all diese Dinge bereiten mir als Foodie die größte Freude. Gerade in meinem manchmal etwas wuseligen Alltag zwischen Familie und beruflicher Selbstständigkeit bringen diese kleinen Auszeiten die nötige Entspannung.

Kleine, entspannte Auszeiten möchte ich auch meinen Lesern mit meinen Artikeln schenken, denn es gibt nichts Wichtigeres, als Strategien zu kennen, die einem im hektischen Alltag helfen, abzuschalten und in Ruhe zu genießen.

scones & berries ist mein Blog mit kreativen und leckeren Ideen für einen entspannten Familienalltag.

Ich bin Marie, Bloggerin und Foodfotografin, und ich lebe mit meiner kleinen Familie in einer umgebauten alten Bäckerei mitten in Berlin. Seit einiger Zeit genieße ich hier die Vorzüge der Großstadt, lebe für mich den Interior-Traum im skandinavischen Stil und Tag für Tag wächst meine Neugier auf kleine und größere Gartenabenteuer.

Auf scones & berries schreibe ich seit 2015 über alles, was das Foodie-Herz begehrt und das Leben schöner macht. Einfache Wohlfühlrezepte, schnelle und gesunde Feierabendküche, familientaugliche Rezepte, ein entspanntes Dinner, wahnsinnig leckere Frühstücksideen – auf meinem Blog soll jeder fündig werden, der Lust auf individuelle Rezepte hat, für die man

garantiert nicht stundenlang in der Küche stehen muss. Ganz klar, an erster Stelle steht für mich der Geschmack. Deswegen nehme ich mir gern viel Zeit für die Rezeptentwicklung und tüftle so lange, bis ein Rezept zu meinen absoluten Lieblingen gehört.

Kochen soll in meinen Augen Spaß machen und im besten Fall sogar entspannend wirken. Dabei sind mir saisonale und regionale Lebensmittel in Bio-Qualität besonders wichtig und aus diesem Grund beginnt das Entwickeln neuer Rezepte bei mir meist auf dem Wochenmarkt. Zu gern schlendere ich an den Ständen entlang und fülle meinen Korb mit frischem Obst und Gemüse. Hier finde ich meine Inspirationen für neue Kreationen und manchmal verrät mir eine

> *»Im Sommer schnappe ich mir gern ein Glas von dem vorbereiteten Salat als kleines Picknick und nehme es mit zum nahegelegenen See. Dort verbringe ich meine Mittagspause ganz in Ruhe auf der Parkbank. Vogelgezwitscher und der Blick auf das Wasser – mehr Entspannung geht fast nicht!«*

Landwirtin sogar ihr Lieblingsrezept. Zuhause angekommen, suche ich noch passende Kräuter aus dem Garten aus und schon geht es an die Pfannen und Kochtöpfe. Und weil das Auge mitisst und ich als Foodfotografin einfach nicht anders kann, wird jeder Teller mit viel Leidenschaft und Liebe zum Detail angerichtet und in Szene gesetzt.

So spontan ich meinen Blog gegründet habe, so schnell ist er anschließend aus den Kinderschuhen herausgewachsen und bietet den Lesern nun eine Vielzahl an Themen für einen entspannten Familienalltag, oft im Sinne des Slow Living. Alle Artikel sind vollgepackt mit Ideen, die das Leben etwas schöner machen. Sei es ein kreatives DIY-Projekt mit Papier, Holz oder Kork, Inspirationen für die Gartenbepflanzung oder Interior-Trends, die ich in unserem Haus

auf ganz einfache Weise umsetze. Das Stöbern auf meinem Blog soll dazu anregen, sich auf neue Dinge einzulassen, sie einfach auszuprobieren und sich überraschen zu lassen.

Ein Konzept, das Spaß macht und unseren Familienalltag nachhaltig entspannt hat, ist das Meal Prepping. Hin und wieder koche ich einfach die doppelte Portion unserer Lieblingsrezepte und fülle die Hälfte in Schraubgläser, die ich im Kühlschrank aufbewahre. So haben wir jederzeit ein schnelles Mittagessen griffbereit. Dafür eignet sich mein Orecchiette-Salat mit Kräuter-Mandel-Pesto, zartem grünem Gemüse und Zitrone ganz besonders gut!

Orecchiette-Salat

MIT KRÄUTER-MANDEL-PESTO, ZARTEM GRÜNEM GEMÜSE UND ZITRONE

Zutaten für 4 Portionen:

- 500 g Orecchiette
- 1 Brokkoli
- 50 g Erbsen (TK)
- 100 g Wildkräutersalat
  (nach Belieben)

PESTO

- 1 Knoblauchzehe
- 100 g Parmesan
- 100 g Mandeln
- 100 g frische Kräuter
  (zur Hälfte Petersilie und
  Basilikum, Rosmarin oder
  Salbei nach Geschmack)
- 100 ml Olivenöl
- Saft und Abrieb von
  1 Bio-Zitrone
- Salz und Pfeffer

Die Orecchiette nach Packungsanleitung kochen. Den Brokkoli waschen und in kleine Röschen teilen. In einem Topf gesalzenes Wasser zum Kochen bringen und den Brokkoli für 4-6 Minuten gar ziehen lassen. In den letzten 2 Minuten die Erbsen zugeben. Anschließend den Brokkoli und die Erbsen abgießen und in eine Schüssel mit Eiswasser geben. So wird der Garprozess gestoppt und die tolle grüne Farbe des Gemüses bleibt erhalten.

Die Pasta abgießen und eine kleine Tasse des Nudelwassers auffangen.

Für das Pesto Knoblauch, Parmesan und Mandeln in einen Mixer geben und auf höchster Stufe zerkleinern. Die Kräuter abbrausen, trocken tupfen, grob hacken und mit dem Olivenöl und dem Zitronensaft sowie -abrieb in den Mixer geben und ein weiteres Mal auf höchster Stufe pürieren, bis alles zerkleinert ist. Dann das Nudelwasser und nach Geschmack Salz und Pfeffer zugeben und zu einem feinen Pesto verarbeiten.

Das Pesto direkt auf die noch warmen Orecchiette geben und gut unterrühren. Zuletzt das Gemüse unterheben.

Vor dem Servieren noch etwas frischen Wildkräutersalat unterheben und den Salat mit Salz, Pfeffer und ein paar Spritzern Zitronensaft abschmecken. Wer möchte, kann als Topping noch ein paar gehackte Mandeln und Parmesan auf den Salat geben.

Sweet Living Interior

SUSANNE

Ich bin Susanne und lebe seit einigen Jahren als gebürtige Rheinländerin im wunderschönen München. Auf meinem Blog Sweet Living Interior schreibe ich mit Leidenschaft über meine Lieblingsthemen: Möbelrücken, neue Deko-Ideen und Trends, schöne Tablesettings und auch meine liebsten Reiseziele nah und fern.

Ich bin glücklich, dass ich über Umwege und schöne Jahre in der Medien- und Interiorbranche nun meine Kreativität auch beruflich in der Wohnberatung ausleben kann, obwohl ich den Beruf nicht von der Pike auf gelernt habe.

Es erfordert immer Fingerspitzengefühl, die Bedürfnisse anderer Menschen zu erfassen – jede Arbeit ist anders und individuell. Mit Zuhören, Intuition und Mut verwandele ich den geschützten und privaten Bereich der Menschen, die mich um Rat fragen, in ein Wohlfühlzuhause.

»Being happy never goes out of style!«

Die Investitionen in ein Umstyling oder gar eine neue Einrichtung sollten immer gut überlegt sein. Oftmals muss man nur Kleinigkeiten verändern, um einen neuen Blick auf ge-„wohnte" Dinge zu bekommen.

Auf meinem Blog zeige ich alles, was mir persönlich richtig gut gefällt. Authentisch und ehrlich, aber auch immer mit einem Augenzwinkern. Mit meinen Beiträgen möchte ich die Leser*innen inspirieren, selbst kreativ zu werden. Hier gibt es schnelle DIY-Anleitungen und auch mal ein schnell gemachtes Rezept.

Ich schreibe gerne über Dinge, die alltagstauglich, kreativ und leicht umzusetzen sind. „Wenig Aufwand, große Wirkung" ist einer meiner liebsten Grundsätze. Und genau davon werdet ihr hier ganz viel finden.

»Ohne Blumen, ohne mich!«

Meine Freunde und meine Familie wissen: Ohne Blumen bin ich nur ein halber Mensch. Auch auf Instagram schreibe ich den Spruch sehr oft. Blumen haben immer schon zu meinem Leben dazugehört und sind mein liebstes Accessoire in meinem Zuhause. Schon meine Mutter hat gerne frische Blumen im Garten abgeschnitten und hübsch auf dem Tisch verteilt. Ich bummele gerne durch Gärtnereien oder Blumengeschäfte und stelle mir meine Blumen immer selbst zusammen, je nachdem was mir gerade ins Auge springt. Bei Pflanzen schlägt mein Herz für Strelitzien und ich habe mir gerade zwei neue Pflanzen fürs Wohnzimmer angeschafft. Ich mag die Blattform sehr und würde mich noch mehr über die exotischen Blüten freuen – aber da ist Geduld gefragt. Auch unser Balkon ist ohne Pflanzen undenkbar. Hier wechsle ich jedes Jahr nach Lust und Laune, aber Kräuter sind bei mir immer zu finden.

IDEEN FÜR EINE GANZJAHRES

Tischdekoration

... UND WIE MAN ES SCHAFFT, DASS GÄSTE GERNE LÄNGER BLEIBEN.

Wir haben das ganze Jahr über sehr gerne Gäste und lieben es, am Tisch zu verweilen und bis in die Morgenstunden zu quatschen.

Für mich ist es wichtig, Freunde und Familie schon mit einem gedeckten Tisch zu empfangen. Das gibt einem das „Du bist willkommen"-Gefühl und zeigt: Wir freuen uns. Dabei ist mir die „perfekte" Tischdekoration gar nicht so wichtig. Gerne darf es unkompliziert und gemütlich sein und das Besteck darf gerne auch mal nicht neben, sondern auf dem Platzteller liegen. Ich habe schon an einigen Events teil-

genommen, bei denen ich gelernt habe, wie ich den „perfekten Tisch" decke, um danach zu merken: Schön, aber ich mag es gerne unkonventionell.

Nur an einem einzigen Tag im Jahr ist das anders: an Weihnachten. Einmal im Jahr, an Heiligabend, decke ich den Tisch gerne festlich und stilvoll ein. In der übrigen Zeit mag ich es, wenn der Tisch zwar überlegt, aber nicht steif gestaltet ist.

WIE GEHE ICH BEI DER TISCHDEKORATION VOR?

Es kommt meistens auf den Anlass an, aber meine liebste Tischdekoration zieht sich wie ein roter Faden durch die Abende mit Freunden: Ich liebe es, mit Kräutertöpfen zu dekorieren. Erstens sind Kräutertöpfe meistens im Haus und zweitens kann man selbst neu gekaufte Kräuter immer wieder verwenden und tolle Sachen aus den Kräutern zaubern. Hat man keinen passenden Übertopf zur Hand, kann man auch Packpapier oder neutrales Geschenkpapier oder gar die passenden Servietten der Tischdeko mit einer Kordel um den Topf wickeln.

Doch Kräuter sorgen nicht nur für Duft am Tisch, sondern sind auch ein zeitloser Dauerbrenner, den man immer wieder mit trendiger Deko oder Blumen aus jeder Jahreszeit ergänzen kann. Selbst weiße Christbaumkugeln hatte ich schon zwischen Kräutern auf dem Tisch liegen. Alles geht!

Wenn ich mit einer Tischdekoration beginne, sammele ich erst alles, was ich benötige – von Geschirr über Gläser, Servietten und Kerzenständer bis hin zu Tischdecke und Sets. Dann stelle ich die Kräuter dazu, sodass ich alles griffbereit habe.

Bevor ich starte, erledige ich immer die aufwendigsten Arbeiten, nämlich das Falten der

Servietten, das Schreiben der Namensschilder oder das Basteln kleiner Kränze. Gerne verknote ich die Serviette auch mit dem Besteck. Dazu erstelle ich meistens Zweierpäckchen, sodass immer zwei Gäste die gleiche Deko vor sich haben. Das gibt eine gewisse Harmonie und wird von der etwas anderen Deko des Tischnachbarn gebrochen.

Wenn erst mal das Grundgerüst aus Tischdecke, Tellern und Gläsern steht, kann man wunderbar mit der Deko spielen und sie nach Herzenslust auf dem Tisch verteilen.

Nie fehlen dürfen bei uns Kerzen und Teelichter. Sie geben dem Tisch eine Gemütlichkeit und sorgen dafür, dass man gerne sitzen bleibt. So stehen meistens Kerzenhalter in verschiedenen Höhen auf dem Tisch, gemixt mit meinen ultimativen Lieblings-Teelichthaltern mit Facettenschliff. Diese Teelichthalter sind so stimmungsvoll, da die Flammen den ganzen Abend auf dem Tisch hin und her tanzen, sie sich im Schliff des Glases brechen und ihr Licht überall schimmert.

Bei einer Tischdekoration mit Kräutern braucht man auch nicht unbedingt ein Centerpiece für den Tisch (das bei einer klassischen Tischdekoration in die Mitte des Tisches gestellt wird). Die Kräuter dekoriert man beliebig verteilt auf dem ganzen Tisch. In kleinen Vasen kann man saisonale Blumen dazu arrangieren, genauso aber kann man die Kräuter allein auf den Tisch stellen, da sie auch so – in Kombination mit Kerzen – ein stimmungsvolles und lässiges Ambiente zaubern.

Ich liebe außerdem Leinen: Leinentischdecken und -servietten. Gerne auch nicht immer glatt gezogen auf dem Tisch, sondern auch mal wild gestylt. Leinen vermittelt Gemütlichkeit und ist trotzdem edel. Denn wie hat schon immer die Großmutter gesagt? „Leinen knittert edel."

Syl loves
SYL

Mein Name ist Syl, ich bin 44 Jahre alt, ein absolutes Naturkind, leidenschaftliche Hobby-Köchin, Buchautorin, Fermentierlehrerin und Wildpflanzensammlerin. Seit etwa sechs Jahren arbeite ich als freiberufliche Fotografin, Stylistin und Content Creator im Bereich „Green Lifestyle". Ich fotografiere und schreibe über pflanzliche Ernährung, entwickle Rezepte und shoote „grüne" Reportagen und Fotostrecken zu den Themen „Zerowaste-Küche" und Nachhaltigkeit.

MEINE STORY

Arbeit und Privatleben greifen bei mir so sehr ineinander, dass ich beides kaum mehr auseinanderhalten kann – ich darf glücklicherweise arbeiten, was ich lebe, und umgekehrt. Zusammen mit meinem Mann Bryan und unserer süßen Katzendame Tiger lebe ich in der Nähe von München, unweit von Wäldern und Wiesen, wo ich mich täglich austoben darf. Zudem bin ich glückliche Stiefmama von Laura und Nicolas.

Unseren Alltag gestalten wir eher minimalistisch, sehr natürlich und im Rhythmus der Jahreszeiten. Von Frühjahr bis Spätherbst sind wir viel draußen, bauen in unserem kleinen Garten eigenes Gemüse an, sammeln Wildkräuter und erkunden mit den Fahrrädern unsere heimischen Landschaften. All das kann ich auch hervorragend für meine Arbeit nutzen. Meine Kunden freuen sich stets über neues, saisonales Fotomaterial und Beiträge aus Wald und Wiese. Alles Essbare, das wir draußen finden und anbauen, wird in unserer Küche verarbeitet. So entstehen ständig neue Rezepte und Ideen, die ich dann mit meiner Kamera festhalte.

Fermentieren

Was wir nicht gleich verarbeiten können, wird haltbar gemacht. Dabei ist meine Lieblingsmethode die Fermentation. Dabei werden Obst, Gemüse, Kräuter, Samen, Getreide, Hülsenfrüchte etc. „lebendig" haltbar gemacht. Fermente faszinieren mich: Sie sind köstlich, bunt, vielfältig, lange haltbar und haben eine ausgesprochen positive Wirkung auf unsere Gesundheit.

Vor ca. einem Jahr habe ich meine kleine „Fermentierakademie" gestartet. Bisher haben mehr als 500 Workshop-Teilnehmer mit mir gemeinsam unter anderem Sauerkraut geknetet und ihre ersten Essige, samt Essigmutter, hergestellt. Fermentieren bedeutet für mich – ebenso wie die pflanzliche Ernährung – Naturverbundenheit und sich um sich selbst, seine Gesundheit und die des Planeten nachhaltig und liebevoll zu kümmern.

Um erfolgreich und lecker zu fermentieren, benötigen wir:

– ein wenig Zeit, um uns mit dem Thema auseinanderzusetzen, die faszinierende Welt der Mikroorganismen in uns und um uns herum zu verstehen und einen Einblick in die gesundheitlichen Vorteile von milchsauer eingelegten Lebensmitteln zu erlangen.

– Disziplin und Hingabe, sich regelmäßig um die Fermente zu kümmern.

– einen Überblick über die Jahreszeiten und das saisonale Angebot an Obst und Gemüse.

WELCHES GEMÜSE EIGNET SICH ZUM FERMENTIEREN?

Zum Fermentieren eignet sich fast jede Art von Obst und Gemüse. Aus Obst wie zum Beispiel Äpfeln, Birnen, Quitten, Beeren, Zitrusfrüchten oder Kirschen machen wir vor allem Essige, Cidre, spritzige Limos, Shrubs etc. Aus Gemüse wie Kohl oder Wurzelgemüse bereiten wir Sauerkraut, Kimchi, gemischtes buntes Gemüse, Soßen, Salsas oder fermentierte Säfte zu. Aus Getreide, Hülsenfrüchten etc. werden zum Beispiel Sauerteig, Miso oder Tempeh, aus Nüssen werden vegane fermentierte Käsealternativen, probiotische Nuss-Soßen usw. Das Rezept für gemischtes buntes Gemüse ist auch eines meiner Lieblings-Zerowaste-Rezepte. Alles an Gemüse, was im Kühlschrank herumliegt, kann so verarbeitet werden.

Fermentieren

Den Knoblauch leicht mit dem Messerrücken andrücken und schälen. Das Gemüse putzen. Wenn es Bio-Gemüse ist, nicht schälen (an der Oberfläche befinden sich wertvolle Mikroorganismen wie Pilze und Milchsäurebakterien).

Karotten und Sellerie in Stücke schneiden. Weißkohl in Stücke schneiden, 1-2 große Blätter beiseitelegen. Paprika putzen, von Samen und Scheidewänden befreien und in Stücke schneiden. Tomaten mit einem Zahnstocher leicht anpiksen.

Das Gemüse in das saubere Glas schichten, Gewürze zwischen die Schichten geben. Das Glas sollte mindestens bis zur Hälfte mit Gemüse gefüllt sein (am besten zu zwei Dritteln). Für die Salzlake 1 l Wasser mit 20 g Salz mischen, so entsteht eine 2-prozentige Salzlake. Die Salzlake über das Gemüse geben.

Zum Schluss das Weißkohlblatt auf das Gemüse legen (es dient als Fermentiergewicht) und alles leicht unter die Salzlake drücken. Das Glas kann bis oben hin voll sein.

Das Glas schließen und auf einen Teller stellen. Die Fermente sollen die ersten 5 bis 6 Tage bei Zimmertemperatur „anfermentieren". In dieser Zeit tut sich einiges im Glas: Bläschen steigen hoch, Flüssigkeit tritt aus dem Glas aus etc. Das ist alles richtig so. Das Glas soll während der Fermentation nicht geöffnet werden. Die guten Milchsäurebakterien arbeiten anaerob. Nach 6 Tagen kann das Ferment auch schon kühler gelagert werden, ein Keller ist dafür ideal. Sobald das Glas mit dem Ferment geöffnet ist, gehört es in den Kühlschrank.

Zutaten:

- 1 Bügelglas (à 2 l)
- 2 Zehen Knoblauch
- 5 bunte Karotten
- 2 Stangen Sellerie
- ½ kleiner Weißkohl
- 1 Paprika
- Ein paar bunte Cocktail-Tomaten
- Ein paar Blumenkohlröschen und -blätter
- 2 Lauchblätter
- Im Herbst ein Stück Kürbis
- Gewürze: Pfeffer, Lorbeer, Kümmel
- Salz: am besten naturbelassen – Ursalz, Steinsalz etc. ohne Jod und andere Zusätze

Zucker, Zimt und Liebe

JEANNY

„Hallo! Mein Name ist Jeanny und ich esse gerne Kuchen" – genau so steht es auf meiner Visitenkarte und es ist wahr. Seit ich denken kann, nennt man mich Jeanny. Und seit ich denken kann, bin ich ein großer Fan allerlei leckerer Dinge, die aus dem Backofen huschen können.

Dass ich jetzt als Kochbuchautorin und Bloggerin arbeiten, Foodfotografien erstellen und kulinarische Reisegeschichten erzählen darf und somit meine Leidenschaft zum Beruf machen konnte, war absolut ungeplant und kreuzte mein abgeschlossenes BWL-Studium samt mehrerer Jahre Arbeit als Markenmanagerin eines größeren Nahrungsmittelunternehmens unverhofft. Ich hätte es mir vermutlich nicht erträumen lassen können.

Dabei reichen erste Anzeichen auf eine kleine Verliebtheit in alles Kulinarische weit zurück. Ich habe viele Kindheitserinnerungen mit

»Es müssen nicht immer
eine aufwendige Torte
und Chichi sein,
manchmal bringen
die kleinen, einfachen
Dinge doch überaus
große Freude.«

Bildern von Kuchen abgespeichert. Etwa Hochzeiten, auf denen ich meine erste Donauwelle probierte oder Nachbarinnen, die immer ihren Signature Cake zu Festen servierten. Ich war voller Vorfreude. Oder da waren Bäckereien, in denen ich mir am liebsten Nussecken kaufte und mir für Käse-Sahne-Kuchen schon mal die Nase am Schaufenster plattdrückte. Erinnerungen an Urlaube in Holland mit riesigen Pannekoeken oder auch meine erste große Geburtstagstorte zum sechsten Geburtstag.

Meine Liebe zum Selberbacken entfachte sich im Studium, wo ich mir zwischen BWL-Vorlesungen und Statistikklausuren etwas Ablenkung verschaffte. In einem Urlaubsland angekommen, zog es mich seit jeher zunächst auf die Märkte und in Supermärkte, ich hätte italienischen Nonnas stundenlang beim Pastadrehen zusehen können und Reisesouvenirs bestanden zumeist aus regionalen Leckereien.

Ich habe meinen Foodblog Zucker, Zimt und Liebe im Jahr 2012 gestartet. Der Blog ist Abbild dessen, was am Wochenende zuvor auf unserer Familien-Kücheninsel oder dem Esstisch stand. Vor allem einfache Backrezepte für jeden Tag haben es mir angetan. Wer schon mal einen saftigen Marmorkuchen wie von Oma auf den Tisch gestellt und die freudigen Gesichter der anderen Gäste gesehen hat, weiß, was ich meine. Es müssen nicht immer eine aufwendige Torte und Chichi sein, manchmal bringen die kleinen, einfachen Dinge doch überaus große Freude.

Wenn mir Leser schreiben, sie hätten dank meiner Rezepte Kindheitserinnerungen hervorrufen können oder ihre Backleidenschaft entdeckt, wenn sie glücklich darüber sind, zum ersten Mal selbst eine Biskuitrolle gebacken zu haben, und

meine Kuchenrezepte auf den Tischen ihrer Familienfeste vom 80. Geburtstag bis zur Taufe oder Einschulung Platz nehmen durften, bin ich überglücklich.

Man findet mich oft mit großem Korb auf dem Wochenmarkt. Meine Streifzüge zwischen den Marktständen mitsamt der bunten Farben von saisonalem Obst machen mir Appetit und inspirieren mich immer wieder zu neuen Rezepten. Manchmal bringe ich sie mir auch aus dem Urlaub mit und versuche so, mir Erinnerungen an Reisen auf der Zunge zu behalten. Die verrücktesten Rezeptideen entstehen jedoch oft ganz unerwartet, wenn ich auf dem Sofa sitze und mich der Hunger packt. Dann scribble ich mir erste Ideen noch vor dem Schlafengehen in mein Notizbuch und kann es kaum erwarten, am nächsten Morgen loszulegen.

»Dieser Kuchen weckt Kindheitserinnerungen.«

Wenn ich meiner Familie und lieben Freunden ein Tarte-Grundrezept ans Herz legen sollte, es wäre ganz sicher eine rustikale, einfache Galette. Galettes sind frei geformte Tartes, auf denen allerlei Obst platziert werden kann. Was sie von Pies unterscheidet, ist, dass sie – wie die meisten ihrer Cousinen – keinen Teigdeckel aufgesetzt bekommen. Es handelt sich um einen Tarte-Teig mit Obst, für den man noch nicht mal eine Backform benötigt. Man muss auch nicht sehr genau sein beim Ausrollen, es sei denn, es entspricht dem eigenen Charakter und man möchte es unbedingt konzentrisch kreisrund haben. Aber auch eine ovale oder gar rechteckige Form und fein drapiertes oder in dicke Schnitze geschnittenes und wild obenauf gelegtes Obst sind möglich.

Über alle Jahreszeiten und Obstsaisons hinweg kann die Galette Freunde des selbstgemachten Gebäcks begleiten, denn von Äpfeln oder Birnen bis zu Beeren oder Steinobst darf auf dem Mürbeteig allerlei Obst Platz finden. Man kann sogar mehrere Obstsorten mischen, nur allzu weich sollten die genutzten Früchte nicht sein.

In kalten Wintermonaten, in denen man den Frühling oder Sommer herbeisehnt, kann sogar Beerenobst aus der Tiefkühltruhe Verwendung finden. Dieses dann jedoch bitte nicht vorher auftauen lassen. Ich verrate euch noch etwas: Auch mit verschiedenen großen und kleinen, roten wie gelben oder gestreiften Tomatensorten habe ich das Rezept schon getestet, für den herzhaften Geschmack ist also auch etwas dabei. Man darf auf den Teigrand gehobelte Nüsse auflegen – Mandeln, Haselnüsse oder Pistazien etwa – oder ihn nur mit Zucker bestreuen. Manchmal habe ich auch Lust, leckere Butterstreusel über die ganze Tarte zu verteilen, bevor sie in den Ofen wandert.

Das Rezept ist denkbar einfach, nur eines sollte man stets bedenken: Der Tarte-Teig ist kein großer Freund von Wärme beim Zubereiten und wird klebrig, wenn er zu warm wird. Eiskalte Butter (gerne kurz zuvor tiefgekühlt), eiskaltes Wasser und – für alle, die Zeit und Geduld haben – zwischendrin immer mal wieder Zeit zum Abkühlen sind hier also die Gelingkniffe zum Erfolg.

Man muss sich auch aus diesem Grund von dem Gedanken verabschieden, hier einen aalglatten Teig erkneten zu wollen, wie man ihn beispielsweise vom Plätzchenbacken um die Weihnachtszeit herum kennt. Ich würde lieber noch ein paar kleine Butterstücke im Teig finden, als ihn klebrig zu wissen. Das sagte mir mal die Besitzerin eines bekannten New Yorker Pie-Ladens, als ich sie besuchen und ihr über die Schulter schauen durfte. Wer das beherzigt, für den steht einem Tarte-Vergnügen mit Früchten nach eigenem Gusto und Verfügbarkeit im Saisonkalender nichts im Wege.

Ich bringe euch heute ein Rezept für Galette mit Heidelbeeren mit und schon das Zusehen durchs Backofenfenster ist ein Vergnügen. Wie die Beeren langsam beginnen, zu blubbern und ihre Säfte freizugeben, ist ein Schauspiel und der Duft, der aus den Backofenritzen durchs ganze Haus wehl, lässt Familienmitglieder schon mal vorsorglich das Eis aus der Truhe holen und ich höre die Teller klappern.

Heidelbeer-Galette

Zutaten:

- 300 g Weizenmehl (Type 405) plus etwas zum Verarbeiten
- 3 EL Zucker
- 1 Prise Salz
- 200 g sehr kalte Butter
- 100 g griechischer Joghurt oder cremiger Vollmilchjoghurt
- 2 EL eiskaltes Wasser
- 1 Eiweiß, verquirlt
- 1 Ei (mit etwas Wasser verquirlt)
- gehobelte Mandeln
- 1 EL Zucker

FÜLLUNG

- 400 g Blaubeeren
- 4 EL Zucker
- 1 ½ EL Speisestärke

Für den Teig Mehl, Zucker und 1 Prise Salz in eine Rührschüssel geben – oder aber in einen Foodprocessor. Mit dem geht es schneller und die Butter wird nicht weich.

Die kalte Butter entweder in ca. 1,5 cm große Würfel schneiden oder mit einer groben Reibe raspeln. Die Butter darf dabei nicht weich werden. Sollte dies durch die Wärme der Hände doch geschehen, sollte man sie noch mal kurz in den Kühlschrank stellen. Butterwürfel oder -raspel zur Mehlmischung geben und sie entweder im Foodprocessor mit Schneideeinsatz 3-4 Sekunden lang unter das Mehl mischen oder aber mit den Händen bzw. einem Teigschneider rasch ins Mehl einarbeiten. Auch hier gilt: Wird die Butter zu weich, wird der Teig zu klebrig. Also nur so lange mit den Fingern ins Mehl einarbeiten, bis kleine, erbsengroße Mehl-Butter-Kügelchen entstehen. Lieber noch kleine Butterstückchen im Teig sehen, als ihn zu stark zu mixen und klebrig werden zu lassen.

Den Joghurt zugeben und alles rasch vermengen. Zuletzt das eiskalte Wasser einmischen und das Ganze immer nur so kurz mit den Händen oder dem Foodprocessor mixen, bis eine homogene Masse entstanden ist. Den Teig nun mit den Händen zusammenpressen und zu einer Kugel formen. Mit den Händen leicht flach drücken – das erleichtert das Ausrollen später – und luftdicht verpackt für ca. 1 Stunde in den Kühlschrank geben.

Unterdessen die Blaubeeren waschen, von eventuellen Stielresten befreien und gut abtrocknen.

Heidelbeer-Galette

Kurz bevor der Teig aus dem Kühlschrank genommen wird, den Zucker und die Speisestärke für die Füllung vermengen. Mit den Beeren in eine Rührschüssel geben, verrühren und kurz stehen lassen.

Den Backofen auf 200 °C Ober-/Unterhitze vorheizen. Ein Backblech bereitstellen.

Den Teig aus dem Kühlschrank nehmen, oben und unten mit etwas Mehl bestreuen und zwischen 2 Lagen Backpapier platzieren. Sollte er noch zu kalt und somit nicht gut ausrollbar sein, kurz warten. Dann mit einem Nudelholz rund oder oval ca. 4-5 mm dick ausrollen. Er darf nicht zu dick sein, weil er sich dann nicht umklappen lässt, aber auch nicht zu dünn, weil er sonst nicht stabil genug ist, um die Beeren zu halten, ohne durchzuweichen. Beim Ausrollen immer mal auf die andere Seite umstürzen und das Papier lockern sowie etwas Mehl zwischen Teig und Backpapier geben, sodass der Teig nicht festklebt. Wird er durch das Ausrollen zu weich, kann man ihn noch mal 5-10 Minuten in den Kühlschrank geben.

Den ausgerollten Teig auf einem Backpapier als Unterlage aufs Blech ziehen. Gerissene Ränder eventuell mit den Fingern zusammendrücken.

Den Teig mit dem verquirlten Eiweiß bestreichen. Das soll verhindern, dass der Boden während des Backens durchweicht. (Manche Tarte-Liebhaber schwören hier übrigens statt auf Eiweiß auf das Verteilen gemahlener Mandeln oder auch fein zerbröselter Kekse.) Die vorbereiteten Beeren mittig auf den Teig geben, dabei rundherum ca. 2 cm Platz zum Rand lassen. Diesen Rand auf die Beeren klappen und leicht zusammendrücken. Den Rand mit dem verquirltem Ei bepinseln, mit den gehobelten Mandeln und etwas Zucker bestreuen und im unteren Backofendrittel ca. 40-45 Minuten lang backen. Sollte die Tarte zu stark bräunen, einfach lose etwas Alufolie darüberlegen. Es kann übrigens sein, dass der Saft der Beeren austritt. Das ist nicht schlimm, nur lecker, keine Bange.

»Am besten schmeckt die Galette noch ofenwarm und mit Eis, Schlagsahne oder Puderzucker garniert.«

Osmers

SWETLANA

Die Freude am Gärtnern und das Bewusstsein für das Ursprüngliche wurden mir in die Wiege gelegt. Ich stamme vom Land. Meine Eltern hatten einen etwa 3.000 m² großen Garten,

Schweine, Hühner, Hunde, Katzen und einen LKW-Anhänger für Bienenwanderungen mit 140 Völkern. Der Vorratskeller versorgte Familie und Freunde, das Leben fand bei Tag und Nacht draußen statt. Mein Vater war Berufsimker, meine Mutter kümmerte sich um Haus und Hof. Mit dem Bewusstsein für das Ursprüngliche, für die romantische und die harte Seite eines Selbstversorgerdaseins bin ich aufgewachsen.

Der Garten ist seit jeher ein großer und wichtiger Bestandteil meines Lebens. Dennoch reicht ein ganzes Leben nicht aus, um ihn in all seinen Facetten zu begreifen. Mit jedem Jahr lerne ich ihn besser kennen. Das Land, auf dem mein Mann und ich mit Kind, Hund, Katzen und Hühnern leben, ist als ehemaliger Mühlenhof seit jeher im Familienbesitz. Auf unserem Grundstück finden sich unser naturnaher Blumen-

und Gemüsegarten, eine Apfelbaumallee, ein Birkenwald, ein Beerengarten, ein alter Bestand an Nadel-, Laub- und Obstbäumen, Weinreben und Blumenwiesen. Plätze zum Verweilen und Wege, die zum Spazierengehen einladen. Ich liebe es, Zeit in unserem Garten zu verbringen, und den Zauber jeder Jahreszeit zu erleben. Die Schönheit der Natur begeistert mich dabei immer wieder und das Gefühl intensiver Zufriedenheit, wenn ich etwas ernte, das ich vorher selbst gesät und gepflegt habe, ist jede Mühe wert.

AUS FREUDE AM GÄRTNERN

Seit 2017 teile ich neben meinem Hauptberuf und den Aufgaben im Garten, Haus und Hof diese Zufriedenheit mit unseren Leser*innen auf unserem mehrfach ausgezeichneten Gartenblog und auf Instagram, aber auch als feste Gartenkolumnistin im öffentlich-rechtlichen Rundfunk und im Printbereich führender Magazine oder persönlich als Referentin und in diversen Workshops. Dabei zeige ich, welche Möglichkeiten ein Stück Land und die Stadt mit sich bringen können und welcher Platzbedarf welche Planung erfordert. Ich zeige auf, wie herrlich entspannt und einfach es ist, den eigenen Blumen- und Gemüseanbau, die Verarbeitung der Ernte und die Herstellung von natürlichen Produkten in den Alltag einzubinden. Ich lasse Raum, um auf individuelle Bedürfnisse einzugehen und unterstütze andere dabei, den eigenen Weg und Stil zu finden.

Blumen trocknen

MEINE TIPPS & TRICKS

Für einen Trockenstrauß eignen sich alle Blumen, deren Blüten im getrockneten Zustand nach dem eigenen Geschmack noch schön aussehen. Für mich sind das zum Beispiel Kornblumen, Rosen (Knospen), Disteln, Lavendel, Rainfarn, abgeblühter Mohn, Mutterkraut, Kamille, Strohblumen, Nelken, Schleierkraut, blühender Radicchio oder Strandflieder und als Füllmaterial verschiedene Kornsorten, Buchs, Eukalyptus und Stechpalme.

Damit die Blumen auch im getrockneten Zustand dekorativ aussehen und richtig durchtrocknen, ist es wichtig, vor der Trocknung jegliches Blattwerk zu entfernen. Meistens erledige ich das gleich nach dem Schnitt im Garten und lasse das Blattwerk im Beet liegen, als Mulchmaterial. Bei gekauften Blumen das Blattwerk ebenfalls entfernen und im Hausmüll entsorgen. Man sollte darauf achten, nur frische und keine angewelkten Blumen zu verwenden.

Nachdem das Blattwerk entfernt ist, sortiere ich die Blumen nach Farbe und Sorte und beginne im nächsten Schritt den Strauß nach meinem Geschmack zu binden. Nachdem der Strauß fertig gebunden und leicht gelockert ist, schneide ich die Stiele mit einer scharfen Schere auf die gleiche Länge ab. Für die Trocknung ist es nicht notwendig, einen schönen Strauß zu binden, es reicht auch aus, die jeweilige Sorte in einem luftigen Bündel zu trocknen. Jegliches piksige Blattwerk lässt sich übrigens super entfernen, wenn die Blumen für etwa eine Stunde angewelkt sind.

Im letzten Schritt hänge ich die Sträuße in einer trockenen, warmen und luftigen Umgebung ohne direktes Sonnenlicht auf, mit dem Kopf nach unten. Beachtet dabei unbedingt, dass die Trocknung nicht zu lange dauert – lange Trocknungsphasen mit Temperaturunterschieden (warm/feucht) und direktes Sonnenlicht lassen die Farben verblassen – und, dass die Sträuße nicht zu dick sind, damit die innenliegenden Teile besser trocknen können und der Strauß, insbesondere die Stiele, nicht irgendwann anfangen, zu schimmeln. Erst wenn der Strauß vollständig getrocknet ist, nehme ich ihn ab.

Alternativ können einzelne Blüten, zum Beispiel bei Kornblumen, Rosenknospen oder Ringelblumen, auf einen Faden gezogen und an einem trockenen und warmen Ort aufgehängt werden.

Die vollständige Trocknung der Blumen dauert bei mir etwa zwei bis drei Wochen.

Den richtigen Zeitpunkt erkenne ich daran, dass sich die Blüten mit den Fingern zerreiben lassen. Erst dann nehme ich die Sträuße ab.

Trockensträuße verwende ich als Mitbringsel, hängend zur Dekoration in unserem Gartenzimmer bzw. in der Vase oder als Teil einer Geschenkverpackung. Ein kleiner Tipp für die Aufbewahrung in der Vase: Den Strauß nicht in eine zu enge Vase „stopfen". Wenn die Luft nicht mehr zirkulieren kann und/oder die Stiele nicht vollständig getrocknet sein sollten, fangen sie an zu schimmeln.

„Happiness is only real when shared."

Botanica

MIT DER RICHTIGEN AUSWAHL, PFLANZUNG UND PFLEGE STELLT
SICH DIE FREUDE AM GÄRTNERN FAST WIE VON SELBST EIN.
ZU MEINEN LIEBLINGEN IM GARTEN HABE ICH EUCH EIN PAAR BASICS UND MEINE
PERSÖNLICHEN EMPFEHLUNGEN ZUSAMMENGESTELLT.

Stauden

• Jede Pflanze, die in jedem Jahr aus der Wurzel neu austreibt, wird als Staude bezeichnet.

• Bei der Beetvorbereitung achte ich darauf, im ersten Schritt den Boden mit einer Grabegabel zu bearbeiten. Einerseits um alte Wurzeln und Unkraut besser im Ganzen entfernen zu können, andererseits zur zusätzlichen Bodenlockerung. Zur Bodenverbesserung arbeite ich etwa vier Liter von unserem Kompost pro Quadratmeter und eine kleine Handvoll Hornspäne mit einem Kultivator ins Beet ein. Direkt vor der Pflanzung müssen Stauden ausreichend gewässert werden. Die Pflanzfläche lockere ich mit einer Handharke, das Pflanzloch hebe ich ausreichend tief aus. Dann setze ich die Staude ein. Anschließend drücke ich sie mit den Händen fest an, forme einen Ring, damit sich das Wasser darin sammeln kann, und gieße sie gut an.

• Je länger Stauden an einem guten Standort stehen, desto üppiger werden sie. Einmal gepflanzt, treiben Stauden in jedem Jahr neu aus. Das gestaltet die Beetpflege zeitsparend und pflegeleicht. Ich schneide Stauden je nach Sorte entweder nach der ersten Blüte zurück, damit sie ein weiteres Mal austreiben, oder nach der letzten Blüte.

• Bei der Beetgestaltung achte ich außer auf unterschiedliche Höhen, Tiefen und Blühzeitpunkte auch darauf, dass sich die Sorten gut für den Schnitt eignen und besonders insektenfreundlich sind. Dazu gehören zum Beispiel:

SCHAFGARBE „LACHSSCHÖNHEIT"
(Achillea-millefolium-Hybride)

Farbe: Hellrosa bis Cremeweiß. Die 60 cm hohen Stiele sind auch hervorragend als Schnittblumen und zur Trockenbinderei geeignet. Nach der Hauptblüte im Juni und Juli folgt bei rechtzeitigem Rückschnitt ein zweiter Flor im September: eine besonders wertvolle, späte Bienenweide.

BALTISCHE PETERSILIE
(Cenolophium denudatum)

Dieser charmante, auch bei Insekten sehr begehrte Doldenblütler mit aromatischem, fein geschlitztem Laub verfügt über eine erstaunliche Langlebigkeit und Anpassungsfähigkeit an fast jedem Standort. Die Staude kann bis 1,5 m hoch werden und bringt dennoch entspannte Leichtigkeit in die Pflanzung – sei es in einer geplanten Rabatte oder in einem naturnah gestalteten Garten. Im Juni und Juli erscheinen die cremeweißen Blütenschirme unermüdlich in großer Zahl. Die Blätter und Blüten sind essbar, das Aroma erinnert leicht an milden Sellerie. Auch für Sträuße (frische und Trockengestecke) ist diese Staude bestens geeignet: füllend, aber filigran und passend zu allen Farben.

BERGFLOCKENBLUME
(Centaurea montana)

Die wüchsige, recht anspruchslose Wildform der Flockenblume hat ihr Verbreitungsgebiet in fast allen mittel- und südeuropäischen Bergregionen unter lichten Gehölzen und an offenen Waldrändern. Die leuchtend blau-violetten Blüten sind schon im Mai (und Juni) eine ausgezeichnete Insektenweide und eignen sich mit festen, bis 50 cm hohen Stielen auch hervorragend für die ersten Sträuße aus dem Garten.

KATZENMINZE „WALKERS LOW"
(Nepeta x faassenii)

Starkwüchsige, reichblütige und überaus attraktive Katzenminze mit sehr guter Standfestigkeit und dem intensivsten Violettblau der ganzen Gruppe. Sie eignet sich für Wegeinfassungen sowie als Rosenbegleiter und ist ein wahrer Insektenmagnet. Nach der Hauptblüte von Mai bis Juli wird sie zurückgeschnitten und blüht dann im September ein zweites Mal. Sie wird etwa 80 cm hoch.

PURPURSONNENHUT
(Echinacea purpurea)

Bienen, Hummeln, Schwebfliegen und Schmetterlinge sind Dauergäste auf den purpurrot leuchtenden Blütenkuppeln, die von Juli bis September auf bis zu 1 m hohen Stielen stehen. Als Schnittblume sehr lange haltbar.

SOMMERASTER „RUDOLF GOETHE"
(Aster amellus)

Sie ist ein Spätsommer- und Herbstblüher, der sich auch bestens als Schnittblume eignet. Schon ab Juli und bis Anfang Oktober erblühen unermüdlich die leuchtenden Strahlenblüten, die Schmetterlingen und anderen Insekten willkommene Nahrung zum Ende der Saison bieten. Die Pflanze wird 50 cm hoch.

BLAUER YSOP
(Hyssopus officinalis)

Der Halbstrauch ist auch als Heil-, Küchen- sowie Zierpflanze bekannt und war in alten Bauerngärten noch häufig zu finden. Im Garten und in Pflanzgefäßen wirkt der anpassungsfähige Ysop gleichermaßen schmückend; im Juni und Juli leuchten und duften die blauen Blüten über frischgrünem Laub, das auch im Winter weitgehend erhalten bleibt. Die heimische Wildstaude wird 40–60 cm hoch.

KARTHÄUSERNELKE
(Dianthus carthusianorum)

Diese hübsche, heimische Nelke ist ideal geeignet für naturhafte Pflanzungen, denn obwohl die einzelne Pflanze eher kurzlebig ist, versamt sie sich stark und verwildert so rasch im ganzen Garten. Sehr schön im Garten und zur Bepflanzung der Balkonkästen. Die kleinen, gefransten Blüten haben mit ihrer purpurroten Färbung und den recht hohen Stängeln (bis 50 cm) eine gute Fernwirkung. Sie stehen, fast schwebend, über dem kompakten, frischgrünen Laub. Die Blütezeit beginnt im Juni; nach einem Rückschnitt nach der Hauptblüte erfolgt alsbald ein zweiter Flor, sodass sich Schmetterling & Co. bis September an den Blüten laben können.

Stockrosen

• Stockrosen wachsen üppig und sind anspruchslose Pflanzen. Sie finden überall ihren Platz – natürlich in traumhafter Farbe und Höhe.

• Stockrosen gehören zu den Malvengewächsen (Malvaceae). Die gewöhnliche Stockrose (Alcea rosea) ist die Sorte, die in den Bauerngärten bei uns am weitesten verbreitet ist. Insgesamt gehören zu der Gattung ca. 60 verschiedene Arten. Die zweijährigen Pflanzen zeigen sich in der Regel erst im zweiten Jahr mit großer Blüte. In Trichterform treten sie gefüllt (Alcea rosea plena) oder ungefüllt auf, in Farben wie Gelb, Rosa oder Rot; bei der Alcea rosea nigra mischt sich sogar tiefes Schwarz unter. Besonders hoch wächst die ausdauernde Sorte Alcea rugusa – bis zu 2,20 m. Einfache Sorten blühen ausdauernder als gefüllte, und sie sind bienenfreundlicher.

• Je länger man eine Sorte im Garten stehen hat, desto blasser werden die Farben der Blüten mit den Jahren.

• Vasentrick: Unteres Grün abschneiden und über Nacht ins Kühle stellen. (z.B. Treppenhaus, Garage, Veranda). Nie zur Mittagszeit ernten. Stockrosen nach der Ernte direkt ins Wasser stellen.

• Um die Selbstaussaat zu fördern, werden die Samenstände über den Winter stehen gelassen und erst im Frühjahr entfernt. Eine weitere Möglichkeit für die gezielte Vermehrung ist das Sammeln von Samen. Reife Samenkapseln erkennt man daran, dass sie gut durchgetrocknet sind und sich bereits öffnen bzw. leicht aufdrücken lassen. Kommen sie direkt im Spätsommer in die Erde, kann man Glück haben und sie keimen schon im Herbst desselben Jahres, sodass sie bereits im nächsten Jahr blühen. Wer eine unkontrollierte Aussaat verhindern möchte, schneidet die Pflanze direkt nach dem Blühen tief zurück. Bei uns wachsen Stockrosen an Hauswänden, an Wegen und im Kopfsteinpflaster.

• Die Kreuzung des „Echten Eibischs" (Althaea officinalis) mit der gewöhnlichen Stockrose ergibt Züchtungen wie „Parkfrieden" (rosa), „Parkrondell" (dunkelrosa, halbgefüllt) und „Parkallee" (hellgelb, ebenfalls halbgefüllt). Sie werden auch Bastardmalven genannt.

Zinnien

• Staudenbeete oder Schnittblumen wie Kornblume, Sonnenblume, Malve, Edeldistel, Cosmea, Ringelblume oder Aster sorgen für reichlich Pollen und Nektar. Zinnien sind besonders für Schmetterlinge ein wahrer Magnet (auch in geschnittener Form in der Vase).

• Zinnien sind frostempfindlich. Deswegen kultivieren wir sie hier als einjährige Sommerblumen. Sie können sehr unkompliziert im Gartenbeet und in Töpfen für Terrasse und Balkon angebaut werden. Für den Anbau im Garten eignen sich besonders gut hohe Sorten, für Töpfe Zwergsorten. Standort für den eigenen Anbau: sonnig bis halbschattig. Was die Erde angeht, sind sie sehr anspruchslos. Es ist keine Extradüngung (zum Beispiel mit Brennnesseljauche) erforderlich, sie schadet aber auch nicht.

• Die am weitesten verbreitete Art „Zinnia elegans" wird bis zu 100 cm hoch (zum Beispiel „Benarys Riesen Mix"). Durch Züchtungen gibt es sie in vielen Blütenformen und Farben, zum Beispiel „Polar Bear" (weiß), „Canary Bird" (gelb), „Orange King" (orange), „Scarlet Flame" (rot), „Oklahoma Salmon" (lachsfarben) oder „Oklahoma Rosa" (rosa). Hohe Sorten eignen sich besonders für den Schnittblumengarten (zum Beispiel „Rose Queen"), niedrige Zwergzinnien (zum Beispiel „Profusion Yellow") für Kübel und Töpfe.

• In unserem Garten gedeihen diese Sorten: Zinnie „Prachtmischung", Zinnie „Pompon Liliput", Zwergzinnie „Lachs", Zinnie „Purple Prince", Dahlienblütige-Zinnien-Mix, Zinnia elegans „Zinderella Lilac" und Zinnien „Kleinblumige Mischung". Damit Zinnien in einem üppigen Busch wachsen, müssen sie bei einer Größe von etwa 15 cm über einer Blattachse mit einer Schere gekürzt werden. In den Seitentrieben entwickeln sich dann neue Triebe. Durch einen regelmäßigen Schnitt entwickeln sich immer mehr Blüten, die bis in den späten Oktober hinein blühen.

• Blühzeitraum ist von Ende Juni bis Ende Oktober.

• Nach dem Kauf oder eigenem Schnitt Stiele mit einer scharfen Schere auf die gleiche Länge schneiden und übrig gebliebenes Blattwerk im unteren Bereich entfernen.

• Vasentrick: Wasser alle zwei Tage wechseln und Vase putzen – das verlängert die Haltbarkeit (die „Frischhaltetütchen", die man beim Floristen mitbekommt, um die Haltbarkeit der Blumen zu verlängern, sorgen nur dafür, dass die Blumenstiele trotz schmutziger Vase sauber bleiben.)

Über die Initiative

Es gibt 1000 gute Gründe, das Leben mit Blumen, Pflanzen, Obst und Gemüse einfach schöner zu machen. Genau die haben uns 2015 dazu bewogen, mit unserer generischen Initiative mehr Frische, Farbe, Natürlichkeit, Kreativität und Geschmack unter die Menschen zu bringen. Mit kreativen DIY-Ideen zeigen wir euch online über unsere Kanäle auf Instagram und Facebook, aber auch auf der Straße und bei Events, was ihr mit Blumen und Pflanzen alles machen könnt – im Garten, als Dekoration oder Schmuck. Und mit leckeren und gesunden neuen Rezepten und Food-Trends aus der Ideenküche zum Selbermachen und Nachkochen wecken wir euren Appetit auf frische Gerichte mit reichlich Obst und Gemüse. Dazu arbeiten wir immer wieder mit neuen kreativen Blogger*innen und Influencer*innen zusammen, die wie wir gar nicht genug von frischen Produkten bekommen können. Schließlich wissen sie genauso gut wie wir: Es gibt 1000 gute Gründe für mehr Blumen, Pflanzen, Obst und Gemüse im Leben.

1000 GUTE GRÜNDE -
von Landgard ins Leben gerufen

Landgard mit Sitz in Straelen am Niederrhein ist eine der größten europäischen Vermarktungsorganisationen für Blumen und Pflanzen sowie für Obst und Gemüse. Als Erzeugergenossenschaft gehört Landgard zu 100 % den rund 3.000 Erzeugerbetrieben. Die Produkte werden von den angeschlossenen Mitgliedern liebevoll angebaut, geerntet und täglich frisch an Landgard geliefert.

1000gutegruende
1000gutegruendefuerobstundgemuese

1000gutegruende_tuer_blumen
1000gutegruende_obst_gemuese

Register

Zutatenregister

BULGUR
Zucchinischiffchen mit Bulgur gefüllt 34

BUTTER
Heidelbeer-Galette 80
Victoria Sponge Cake mit Erdbeeren und Holunderblütensahne 12

EIER
Victoria Sponge Cake mit Erdbeeren und Holunderblütensahne 12
Erbsen-Fenchel-Parmesan-Samosas 26
Heidelbeer-Galette 80

ERBSEN
Erbsen-Fenchel-Parmesan-Samosas 26
Orecchiette-Salat 60

ERDBEEREN
Victoria Sponge Cake mit Erdbeeren und Holunderblütensahne 12

FENCHEL
Erbsen-Fenchel-Parmesan-Samosas 26

HÄHNCHEN
Grillspieße mit Hähnchen und Gemüse 32

HOLUNDERBLÜTENSIRUP
Victoria Sponge Cake mit Erdbeeren und Holunderblütensahne 12

INGWER
Erbsen-Fenchel-Parmesan-Samosas 26

JOGHURT
Erbsen-Fenchel-Parmesan-Samosas 26
Heidelbeer-Galette 80

KAROTTEN
Fermentieren 72

KARTOFFEL
Erbsen-Fenchel-Parmesan-Samosas 26

KNOBLAUCH
Erbsen-Fenchel-Parmesan-Samosas 26
Grillspieße mit Hähnchen und Gemüse 32
Fermentieren 72
Orecchiette-Salat 60

KÜMMEL
Fermentieren 72

KÜRBIS
Fermentieren   72

LAUCH
Fermentieren   72

LORBEER
Fermentieren   72

MANDELN
Heidelbeer-Galette   80
Orecchiette-Salat   60

MINZE
Erbsen-Fenchel-Parmesan-Samosas   26

ORECCHIETTE
Orecchiette-Salat   60

OREGANO
Grillspieße mit Hähnchen und Gemüse   32

PAPRIKA
Fermentieren   72
Grillspieße mit Hähnchen und Gemüse   32

PARMESAN
Orecchiette-Salat   60
Erbsen-Fenchel-Parmesan-Samosas   26

PETERSILIE
Orecchiette-Salat   60
Grillspieße mit Hähnchen und Gemüse   32
Erbsen-Fenchel-Parmesan-Samosas   26

PUDERZUCKER
Victoria Sponge Cake mit Erdbeeren und Holunderblütensahne   12

ROSMARIN
Orecchiette-Salat   60
Grillspieße mit Hähnchen und Gemüse   32

SALBEI
Orecchiette-Salat   60

SCHAFSKÄSE
Zucchinischiffchen mit Bulgur gefüllt   34

SAHNE
Victoria Sponge Cake mit Erdbeeren und Holunderblütensahne   12

SCHNITTLAUCH
Erbsen-Fenchel-Parmesan-Samosas   26
Grillspieße mit Hähnchen und Gemüse   32

SELLERIE
Fermentieren   72

THYMIAN
Grillspieße mit Hähnchen und Gemüse   32

TOMATEN
Fermentieren   72

VANILLESCHOTE
Victoria Sponge Cake mit Erdbeeren und Holunderblütensahne   12

MILCH
Victoria Sponge Cake mit Erdbeeren und Holunderblütensahne   12

WEISSKOHL
Fermentieren   72

WEIZENMEHL
Heidelbeer-Galette   80
Erbsen-Fenchel-Parmesan-Samosas   26

WILDKRÄUTERSALAT
Orecchiette-Salat   60

ZITRONE
Orecchiette-Salat   60
Erbsen-Fenchel-Parmesan-Samosas   26

ZUCCHINI
Zucchinischiffchen mit Bulgur gefüllt   34

ZWIEBEL
Grillspieße mit Hähnchen und Gemüse   32
Erbsen-Fenchel-Parmesan-Samosas   26

Bildnachweise:

Wenn nicht anders angegeben, wurden die Bilder vom jeweiligen Autor des Beitrags erstellt.

Portrait Virginia Horstmann (S. 3, S. 74): Johanna Stolzenberger Fotografie

Portrait Markus Hummel (S. 2, S. 8, S. 9): Moritz Reulein

Portrait Igor Josifovic (S. 2, S: 36, S. 38/39, S. 41): Wei Ling Khor Photography

Portrait Felix Schäferhoff (S. 2, S. 30): Max Winter

5 4 3 2 1   25 24 23 22 21

ISBN 978-3-88117-257-8

Idee und Konzept: Initiative „1000 gute Gründe" & PRACHTSTERN GmbH

Projektleitung: Landgard Service GmbH | Initiative „1000 gute Gründe": Michael Hermes, Nina Keune, Elena May

Redaktion und Lektorat Hölker Verlag: Franziska Grünewald, Muriel Magon, Nele Drescher

Layout und Satz: Landgard Service GmbH: Lisa Fortuin, Martin Kilian, Nadine Parchem

Litho: FSM Premedia GmbH & Co. KG, Münster